In einem Monat spürbar mehr Kunden
In 30 Tagen zu mehr Umsatz - Ein Arbeitsbuch mit 30 Tageslektionen voller preiswerter und leicht umsetzbarer Tipps & Tricks aus den Bereichen Guerilla-Marketing, Ambient Marketing, Online-Marketing und Social Media Marketing

von
Stefan Frisch

Foto Titelseite: https://www.flickr.com/photos/muraterturk/

Bibliografische Information der Deutschen Nationalbibliothek:
Die Deutsche Nationalbibliothek verzeichnet diese Publikation
in der Deutschen Nationalbibliografie; detaillierte
bibliografische Daten sind im Internet
über www.dnb.de abrufbar.

© 2014 Stefan Frisch
Herstellung und Verlag:
BoD – Books on Demand, Norderstedt

ISBN: 9 783732 262311

In einem Monat spürbar mehr Kunden

In 30 Tagen zu mehr Umsatz - Ein Arbeitsbuch mit 30 Tageslektionen voller preiswerter und leicht umsetzbarer Tipps & Tricks aus den Bereichen Guerilla-Marketing, Ambient Marketing, Online-Marketing und Social Media Marketing

Mit 66 Abbildungen und 64 Links zu Arbeitshilfen, Anleitungen, Checklisten und weiterführenden Artikeln

von
Stefan Frisch

Inhalt

Einleitung

Guerilla Marketing

Tag 1
Wie Sie aus der guten alten Schneckenpost ein topaktuelles Marketinginstrument machen

Tag 2
Wie Sie Ihre Unternehmenspräsentation preiswert ganz neu aufrollen

Tag 3
Die Cäsar-Methode für Ladenbesitzer: Wenn die Würfel fallen

Tag 4
Ein Bild sagt mehr als tausend Worte, viele Bilder erzählen eine Geschichte

Tag 5
Das kleinste Werbeplakat der Welt in Ihren Händen

Tag 6
Abgefahrene Werbung: Wie Sie täglich tausende Anzeigenleser finden

Tag 7
Wenn der Schein nicht trügt, ist es gut für Ihren Kunden

Tag 8
Schildbürgerstreiche ganz anderer Art

Tag 9
Wie Sie Ihren kompletten Messestand unter Ihrem Arm tragen

Tag 10
Da ist was im Busch: Werben im Fahrwasser der Anderen

Tag 11
Geheimnisvolle Zeichen auf Plakaten und Flyern

Tag 12
Wie Sie mit Querdenken viel Geld sparen bei der Kundenjagd

Ambient Marketing
Tag 13
Wie jeder Parkplatz zum Kundenköder wird

Tag 14
Drahtesel-Marketing ist keine dumme Idee

Tag 15
Wenn die Sonne strahlt, werden Kunden angelockt

Tag 16
Wie Sie mit heißer Luft Kunden anziehen

Tag 17
Wie Sie ganz anhänglich für sich werben

Tag 18
Das 10 qm große kostenlose mobile Werbeplakat

Online Marketing
Tag 19
Wie Sie mit Tagebuchschreiben Kunden bekommen

Tag 20
Einmal geschrieben, zigmal verteilt: So bringen Sie Informationsdünger aus

Tag 21
Wie Sie kräftig Porto sparen bei Ihren Kundenbriefen

Tag 22
Der Doktortitel im Marketing, ganz ohne Studium

Social Media Marketing
Tag 23
Wie Sie Google füttern und besser gefunden werden

Tag 24
Geschäfte machen mit Freunden

Tag 25
I like what you do: So werden aus Freunden Kunden

Tag 26
TV-Werbung mal ganz anders und kostenlos

Tag 27
Die Pinnwand, die Ihre Kunden anlockt

Tag 28
Wenn der Major in den Laden kommt, dann wissen es alle

Tag 29
Wie Sie sich deutschlandweit vernetzen und so Kunden zu sich führen

Tag 30
Wie Sie sich weltweit vernetzen auch wenn Sie nur in Hagenbüttel arbeiten

Offline- und Online-Welt miteinander verknüpfen
(Tag 31)
Warum Sie möglichst viele Landebahnen bauen sollten

Zum guten Schluss

Einleitung

Eines der bekanntesten Bonmots zum Thema Werbung stammt vom amerikanischen Autobauer Henry Ford: „Wer aufhört zu werben, um Geld zu sparen, kann ebenso gut die Uhr anhalten, um Zeit zu sparen." Das heißt im Klartext: Ohne Werbung geht es nicht! Aber Sie müssen ja gar nicht mit Ihrem Marketing aufhören, um Geld zu sparen, Sie müssen lediglich die richtigen Strategien und Ansätze nutzen, dann klappt sogar beides: Geld sparen und neue Kunden gewinnen...

Dieses Buch liefert Ihnen 30 intelligente und preiswerte Marketingstrategien. Setzen Sie sie jeden Tag Schritt für Schritt um und Sie werden merken, wie der Grad der Aufmerksamkeit für Ihr Unternehmen spürbar steigt. Und: Neue Kunden werden den Weg zu Ihnen finden.

Aus meinem Alltag als Marketingberater kenne ich die Probleme der vielen Einzelkämpfer, Kleinunternehmer, Freiberufler, Mittelständler: Sie sind sich wohl bewusst, dass Werbung notwendig ist – aber klassische Werbung ist teuer. Eine Zeitungsanzeige kostet schnell ein paar hundert Euro, das ist für manchen Selbstständigen eine ganze Menge Geld!

Allerdings gibt es viele intelligente, kreative und kostengünstige Strategien, um auch ohne dicken Geldbeutel auf sich aufmerksam zu machen. Ich habe 30 davon einmal zusammen geschrieben. Sie sollen ein Anfang für diejenigen sein, die nicht genau wissen, wie sie das Thema Marketing angehen sollen. Und für diejenigen, die nach neuen Ideen suchen. Und ebenso für diejenigen, die einfach kostengünstiger werben möchten.

Sie können dieses Buch natürlich in einem Rutsch durchlesen und ausgewählte Tipps dann umsetzen. Das geht. Ich habe es aber in 30 Kapitel unterteilt, damit die Wahrscheinlichkeit steigt, dass Sie die Umsetzung schaffen: Nehmen Sie sich jeden Tag ein Kapitel vor und setzen Sie es um. Das heißt dann 30 Tage jeden Tag etwa 30 Minuten Arbeit – aber am Monatsende ist dann wirklich viel passiert und Sie werden spüren, wie die Kundenfrequenz zunimmt.

Zusätzlich habe ich versucht, Ihnen mit Links zu Checklisten und Arbeitshilfen die Umsetzung so einfach wie möglich zu machen, denn ich weiß selbst, wie uns der unternehmerische Alltag immer wieder daran hindert, das zu tun, was wir eigentlich wollen. Auch deshalb habe ich das Buch in 30 Einzelkapitel unterteilt: so fällt es hoffentlich leichter, NEBEN dem, was Ihre Selbstständigkeit Tag für Tag von Ihnen fordert, endlich mal das Thema Marketing anzugehen: in kleinen, überschaubaren Häppchen. Einen Monat lang...

Das Buch ist in drei wesentliche Teile gegliedert. Im ersten Teil will ich Ihnen anhand einiger ausgefallener Ideen den Guerilla-Marketing-Ansatz etwas näher bringen. Er eignet sich ganz hervorragend für kleinere Unternehmen.

Der zweite Teil beschäftigt sich mit dem Bereich Ambient Marketing, also all dem, was Draußen statt findet. Hier gibt es ebenfalls inspirierende Ansätze, von denen ich Ihnen einige vorstelle.

Der dritte Teil geht auf das Thema Online Marketing ein. Hier gibt es pfiffige Methoden, die Sie für sich unbedingt nutzen sollten! Das Schöne am Thema Online Marketing: Es ist in den vergangenen Jahren eigentlich immer einfacher und preiswerter geworden. Die wichtigsten Ansätze zeige ich Ihnen in diesem Buch.

Im letzten Teil schließlich will ich Ihnen die Sozialen Medien und deren Möglichkeiten etwas näher bringen. Sie bieten ein großes Potential, gerade für kleinere Unternehmen. Da ich aber jeden Tag Unternehmerinnen und Unternehmer kennen lerne, die mit diesem Bereich noch überhaupt nicht vertraut sind, erschien es mir wichtig, das Thema Social Media Marketing mit in das Buch auf zu nehmen. Sie erhalten hier einen ersten Einstieg in eine eigene Social Media Marketing Strategie und ich zeige Ihnen, wie Sie diese Stück für Stück umsetzen.

Wenn Sie dieses Buch als E-Book lesen, dann sollten die vielen Links, die ich als weiterführende Anregungen mit eingebaut habe, funktionieren, so dass Sie gleich und bequem vom Buch ins Internet wechseln und die zum Kapitel passenden Links besuchen können. Ich habe vor allem Linkadressen mit preiswerten Anbietern zu den jeweils vorgestellten Ideen ausgesucht, das hilft Ihnen bei der Realisierung.

In einigen Fällen führen diese Links zu Anleitungen, Know-how-Videos oder Schritt-für-Schritt-Anleitungen, die Ihnen dann konkret bei der Umsetzung des Gelesenen helfen.

Unter der Seite www.machtfrisch.de/marketingmonat finden Sie alle in diesem Buch aufgeführten Links noch einmal übersichtlich versammelt. Um Zutritt zu dieser Seite zu erhalten, benötigen Sie ein Passwort. Das Passwort ist das letzte Wort im ersten Absatz der Vorbemerkungen zum Thema *Ambient Marketing*.

Auf dieser Seite finden Sie alle in diesem Buch genannten Links noch einmal übersichtlich als Linkliste. Dort wartet auch ein kleiner Bonus in Form verschiedener Checklisten und Arbeitshilfen auf Sie.

So – nun aber frisch ans Werk! Steigen Sie ein, setzen Sie um!

Stefan Frisch

P.S.: Ich freue mich über Kritik und Anregungen per E-Mail unter info@machtfrisch.de!

Erster Teil

Guerilla-Marketing

Guerilla-Marketing

Marketing ist immer dann sinnvoll, wenn es wenig kostet und viel bringt! Guerilla-Marketing bietet hierfür den idealen Ansatz: mit kleinem Geldbeutel dennoch große Aufmerksamkeit erzielen...

Das Wort Guerilla-Marketing klingt nach Partisanenkrieg, Kampf, Blut und Verwundung – aber das täuscht! Es handelt sich bei diesem Ansatz um eine Methode, die versucht, über kreative Ideen und Ansätze (kleine Mittel) viel Aufmerksamkeit zu erzielen und Kunden anzusprechen (große Wirkung). Entwickelt wurde diese Methode vom Guerilla-Marketing-Guru Jay Conrad Levinson in den 80er Jahren des vorigen Jahrhunderts. Als Vorbild dienten tatsächlich die Guerilla-Kämpfer Südamerikas, die damals in verzweifelten Kämpfen gegen Diktatoren versuchten, mit wenig Mitteln trotzdem große Effekte zu erzielen, um sich gegen die Despoten zur Wehr zu setzen.

Den gedanklichen Ansatz „Viel Effekt mit wenig Mitteln" übernahm Levinson in sein Konzept und nannte es entsprechend GUERILLA-MARKETING.

Hinter dem Guerilla-Ansatz steckt immer ein Überraschungseffekt: Eine plötzliche Aktion (z.B. Flash-Mobs), ein unerwarteter Serviceaspekt oder eine überraschende Zugabe erstaunt den Kunden und lenkt so die Aufmerksamkeit auf das Unternehmen. Ganz oft geht es schlicht darum, die Erwartungen des Kunden zu übertreffen, um ihn so für das Unternehmen zu begeistern.

Guerilla-Marketing versucht, dem klassischen Unterbrechungsmarketing (Beispiel: Ich sehe einen Film, der wird unterbrochen und mir wird Werbung vor die Nase gehalten etc.) eine Alternative entgegenzusetzen: Oft wird dabei mit Überraschung, Ungewöhnlichem, Unerwartetem gespielt und die Aufmerksamkeit eines möglichen Kunden so dann errungen. Auch Humor ist dabei sehr oft ein Mittel der Wahl. Auf der Seite

http://www.machtfrisch.de/category/guerilla_marketing/

finden Sie zahlreiche Beispiele, die das illustrieren.

Typische Gedankenansätze im Guerilla-Marketing sind:

- Wo kann ich den Kunden treffen in einer Situation, in der ich ihn nicht störe, sondern ihm in seinem Entscheidungsprozess (zu meinen Gunsten) behilflich bin?
- Welche Orte, Medien und sonstige Kommunikationskanäle, welche Einkaufsquellen nutzt mein Kunde und wie kann ich ihn dort treffen, abholen und mit ihm ins Gespräch kommen?
- Was erwartet mein Kunde in der jeweiligen Situation und wie kann ich diese Erwartungen positiv übertreffen?
- Was macht mein Kunde typischerweise, bevor er zu mir kommt und was macht er, nachdem er bei mir war? Und welche Möglichkeiten sehe ich, ihn früher als bisher abzuholen oder länger als bisher zu begleiten.
- Wie baue ich schnellstmöglich eine persönliche Beziehung zu meinem Kunden auf und schaffe ein vertrauensvolles Miteinander?

Vor diesem Hintergrund sind die folgenden ersten Kapitel dieses Buches als Beispiele zu sehen, die Sie zu eigenen Ansätzen inspirieren sollen!

TAG 1

Postkarten oder:

Wie Sie aus der guten alten Schneckenpost ein topaktuelles Marketinginstrument machen

Postkarten haben noch lange nicht ausgedient, gerade *weil* sie heutzutage relativ selten verschickt werden, können sie für hohe Aufmerksamkeit sorgen! Nutzen Sie diese preiswerte Möglichkeit, auf sich und ihr Angebot hinzuweisen.

Postkarten? Aber die sind doch so was von Retro! Nutzt doch keiner mehr heutzutage! Die sind doch so was von out in Zeiten der E-Mail. So denken vielleicht auch Sie – aber täuschen Sie sich nicht: Gerade dadurch, dass kaum jemand mehr Postkarten verschickt, ziehen sie die Aufmerksamkeit auf sich!

Obwohl heutzutage alles viel schneller mit einer E-Mail zu erledigen ist, ist genau das ein Grundproblem unserer Zeit: Es sammeln sich ganz schnell Dutzende, vielleicht sogar

Hunderte E-Mails an im Postfach. Der Kunde muss sich durch den Wust an Mails durchkämpfen. Da geht schon mal was unter…

Und pro E-Mail haben Sie nur eine Betreffzeile, um auf den Inhalt aufmerksam zu machen. Und jede E-Mail sieht mit ihrem typischen Einheitsbrei aus wie die andere…

Wie wollen Sie da positiv auffallen? Durch eine HTML-gestaltete E-Mail? Ganz guter Ansatz – aber in der Praxis nur bedingt wirksam, denn das versuchen natürlich mittlerweile viele, die Konkurrenz ist also groß.

Und wenn der Kunde die E-Mail schließt, liegt sie nahezu unsichtbar im Postfach und verschwindet zunächst vom Bildschirm und dann aus dem Gedächtnis.

Ganz anders hingegen bei Postkarten: Die liegen auf dem Schreibtisch, sind sichtbar, können angefasst werden und sind durch ihre Seltenheit ein echter Hingucker!

Nutzen Sie diesen Effekt für sich und Ihr Unternehmen und lassen Sie verschiedene Postkarten drucken. Das ist übrigens billiger, als Sie vielleicht denken: 1.000 Postkarten erhalten Sie (vorder- und rückseitig bedruckt) bereits ab etwa 35 €.

Überlegen Sie sich, welche Möglichkeiten sich Ihnen standardmäßig in Ihrem Geschäftsverkehr bieten, die Sie durch Postkarten ersetzen können. Einige Ideen wären beispielsweise:

- **Zur Terminbestätigung**
  Stellen Sie sich bitte vor, Sie erhalten als Kunde eine

Postkarte mit einer schriftlichen Terminbestätigung – diese Bestätigung wiegt doch viel schwerer als eine typische E-Mail im Postfach…. An so einen Termin erinnert sich jeder Kunde – und er hat sogar den Vorteil, dass er die Postkarte an den Bildschirm, den Kühlschrank etc. pinnen kann, um diesen Termin nicht zu vergessen. Versuchen Sie das mal mit einer E-Mail!

- **Als Danksagung** nach erfolgter Überweisung
Erziehen Sie doch Ihre Kunden zu schneller Zahlung ihrer Rechnungen, indem Sie ihnen mit einer Postkarte für das rasche Begleichen der Rechnung danken (natürlich erst dann, wenn der Kunde überwiesen hat…).

- **Als Einladung** zu Ihren Veranstaltungen
Tauschen Sie E-Mail-Einladungen gegen Einladungen per Postkarte. Das sieht nicht nur edler aus, es hinterlässt auch einen professionelleren Eindruck beim Kunden.

- **Als Geburtstagskarte**
Ja, die gute alte Grußkarte zum Geburtstag hat immer noch ihre Berechtigung! Oder wie viele Grußkarten von Unternehmen, bei denen Sie Kunde sind, haben Sie zu Ihrem letzten Geburtstag erhalten? Sehen Sie?! Geburtstagsgrüße schaffen Kundenbindung!

- **Als Grußkarte** zu Weihnachten
nutzen Sie die Möglichkeit, sich preiswert eigene

Weihnachtsgrußkarten drucken zu lassen und heben Sie sich auch damit positiv vom Einheitsbrei der Standard-Weihnachtskarten der Konkurrenz ab!

- **Grüßen Sie nicht nur zur Weihnachtszeit**
  Warum versenden Sie nicht einfach mal zu anderen Zeiten Grußkarten an Ihre Kunden? Zum Beispiel zu Neujahr anstatt zu Weihnachten? Das hat den Vorteil, dass Ihre Karte nicht im Berg der Weihnachtsgrußkarten untergeht. Oder wie wäre es mit einer Grußkarte zu Ostern? Oder vielleicht zur Urlaubszeit? Ihr Kunde freut sich sicherlich, von Ihnen nicht nur zur Weihnachtszeit eine Postkarte von Ihnen zu erhalten.

- **Als Newsletter**
  Warum versenden Sie Ihren Newsletter nicht als Postkarte? Damit wird er einmalig, außergewöhnlich und hebt sich angenehm von den vielen anderen E-Mail-Newslettern ab.

Mit ein wenig Nachdenken fallen Ihnen bestimmt noch weitere Möglichkeiten ein, wie Sie die guten alten Postkarten auf ganz neue Art und Weise nutzen.

Ganz wichtig: Um den positiven Effekt einer Postkarte nicht kaputt zu machen, sollten Sie so viel wie möglich handschriftlich schreiben! Ideal ist es, wenn Sie die Postkarte komplett handschriftlich verfassen, das zeigt, wie wichtig Ihnen der Kunde ist.

Na gut – das ist ein wenig Arbeit, das gebe ich zu – aber durch intelligente Planung schaffe ich es jährlich mehrmals, handgeschriebene Karten an meine Kunden zu verschicken: Ich lasse die Karte etwa 8 Wochen vorher drucken und schreibe dann jeden Abend und zwischendurch 3 – 4 Karten. So kommt über den Zeitraum von 4 Wochen eine stattliche Anzahl hoch individualisierter Postkarten zusammen…

Falls Ihnen das zuviel Aufwand sein sollte: Dann drucken Sie einen Standard-Text und lassen ausgiebig Platz auf der Postkarte frei, damit Sie noch einen kurzen individualisierten Satz mit notieren können. Und ebenso wichtig: immer deutlich sichtbar handschriftlich unterschreiben. Wenn Sie also schwarzen Text haben drucken lassen, dann nehmen Sie bitte eine roten oder blauen Stift, damit der Kunde sieht, dass Sie wenigstens die Unterschrift selbst geschrieben haben…

Extra-TIPPs:

Preiswerte Internetdruckereien:

Print 24	www.print24.de
Flyerdevil	www.flyerdevil.de
Flyeralarm	www.flyeralarm.de
Rainbowprint	www.rainbowprint.de

Der Druckanbieter print24.de bietet in seinem Blog im Übrigen eine sehr inspirierende Auswahl kreativer Postkarten. Holen Sie sich dort einfach Impulse!

Extra-TIPP:

Der Beitrag über kreative Postkarten im Print24-Blog:

> http://print24.com/de/blog/2013/11/30-sauber-gestaltete-postkarten-und-tolle-tipps-fuer-eigene-designs/

TAG 2

Roll-up, everywhere oder:

Wie Sie Ihre Unternehmenspräsentation preiswert ganz neu aufrollen

Sie sind viel unterwegs zu Vorträgen, Messen, Präsentationen? Dann zeigen Sie sich im Großformat – wo auch immer Sie sind! Ein Griff und Ihr Werbeplakat steht...

Die praktischen Roll-up-Banner gibt es mittlerweile zu erstaunlich günstigen Preisen: Bereits ab 70 € erhalten Sie ein Banner inklusive Tragetasche! Und diese Roll-Ups sind wirklich praktisch: Sie sind handlich klein (nur etwa 10x10x90cm), passen in jedes Auto, sie sind leicht und können auch locker neben der Aktentasche mitgenommen werden.

Das Beste aber: entrollt bieten sie eine Werbefläche von rund 2 Quadtratmetern! Nehmen Sie also ein solches Banner überall dorthin mit, wo Sie präsent sind und zeigen Sie deutliche Ihre Anwesenheit.

Hier ein Beispiel eines solchen Roll-ups:

Extra-TIPP:

Displayland24
Die Firma Displayland24 bietet unter ihrer Internetadresse www.displayland24.com komplette Displays bereits ab 59.- €.

TAG 3

Rabatt-Würfeln oder:

Die Cäsar-Methode für Ladenbesitzer: Wenn die Würfel fallen

Sie haben ein Ladengeschäft? Dann lassen Sie Ihre Kunden doch mal selbst den Preis auswürfeln...

Eine gute und preiswerte Methode, die sich besonders für Verkaufsaktionen eignet, ist das Rabatt-Würfeln: Sie geben Ihren Kunden einen oder mehrere Würfel in die Hand und die gewürfelte Augenzahl bildet den Rabattsatz, um den der Preis für den Kunden ermäßigt wird.

Das macht nicht nur Spaß, das gibt den Kunden auch das Gefühl, den Preis „in der Hand zu haben"...

Allerdings eignet sich dieses Rabatt-Würfeln nicht als dauerhafte Einrichtung in Ihrem Ladengeschäft – das würde auf Dauer die Preise zu sehr beeinträchtigen. Aber zu bestimmten Aktionen bietet sich das Würfeln an:

- zu Weihnachten
- zu Neujahr
- zu Ostern
- zum Sommer- bzw. Winterschlussverkauf
- zum Geburtstag Ihrer Kunden (sofern Sie die Geburtsdaten vorliegen haben)
- zur Einschulung der Kinder Ihrer Kunden

Auch hier werden Ihnen mit ein bisschen Nachdenken sicherlich ausreichend eigene Ideen einfallen. Nutzen Sie diese nette Aktion und sorgen Sie so für Gesprächsstoff bei Ihren Kunden und ein Lächeln auf deren Gesichtern, wenn sie ein Schnäppchen gewürfelt haben.

Ein Schreibwarengeschäft in meiner Heimatstadt hat diese Aktion zum Schuljahresbeginn durchgeführt. Können Sie sich mein breites Grinsen vorstellen, als ich eine Zwölf gewürfelt habe? Und können Sie sich vorstellen, wie vielen Leuten ich davon freudig erzählt habe? Eine bessere Mundpropaganda kann sich dieser Schreibwarenladen kaum wünschen!

TAG 4

Digitaler Fotorahmen oder:

Ein Bild sagt mehr als tausend Worte, viele Bilder erzählen eine ganze Geschichte

Sie haben ein Schaufenster? Dann bringen Sie Bewegung in die Auslage mit einem digitalen Fotorahmen.

Die meisten Schaufenster sind statisch und ziehen keine Aufmerksamkeit auf sich. Das sollten Sie ändern! Das menschliche Auge ist darauf geschult, Bewegungen wahrzunehmen. Also sorgen Sie für Bewegung in Ihrem Schaufenster…

Ganz besonders geeignet hierfür ist ein digitaler Fotorahmen. Mit ihm können Sie eine Fotoshow in Ihrem Schaufenster zeigen und für mehr Action sorgen. Außerdem haben Sie den Vorteil, dass Sie mit der Fotostrecke Produktionsprozesse zeigen können, die der Kunde vielleicht normalerweise gar nicht zu Gesicht bekäme. So zeigen Sie Transparenz, in dem Sie sich in die Karten schauen lassen...

Bauen Sie eine Firmenpräsentation mit PowerPoint oder Open Office Impress zusammen und zeigen Sie Ihr Unternehmen, informieren Sie den Kunden über Ihr Angebot oder dokumentieren Sie das Ergebnis Ihrer Arbeit:

- Metzger
  beispielsweise könnten ihren Kunden zeigen, wie die Wurst hergestellt wird – ein Vorgang, den der Kunde normalerweise nicht mitverfolgen kann. Das Gleiche gilt für Bäcker, Konditoren etc.

- Restaurants
  könnten ihre Speisekarte mit appetitlich fotografierten Bildern Revue passieren lassen

- Handwerker
  könnten sich selbst bei der Arbeit und schließlich das erfolgreich fertig gestellte Objekt präsentieren

- Berater
  könnten konkrete Angebote im Rahmen einer Präsentation zeigen

- Immobilienmakler
  könnten konkrete Projekte mit Bildern und Videos zeigen

Es gibt unzählige Möglichkeiten, wie Sie einen digitalen Fotorahmen für sich nutzen können – mit ein wenig

Nachdenken kommen Ihnen da sicherlich die passenden Ideen für Ihr Unternehmen!

Hauptsache, es bewegt sich künftig etwas in Ihrem Schaufenster!

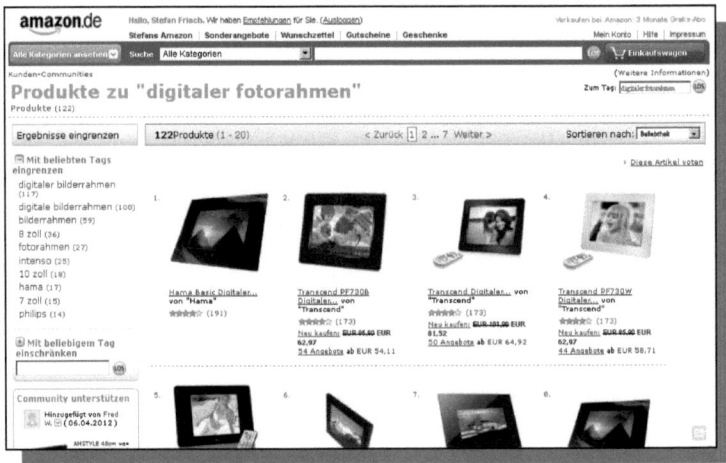

Amazon beispielsweise bietet eine Fülle verschiedener Modelle digitaler Bilderrahmen.

Extra-TIPP:

Unter der Internetadresse www.testberichte.de finden Sie in der Rubrik ➔ Technisches Zubehör und dann unter ➔ Digitale Bilderrahmen jeweils aktuelle Testberichte von Digitalen Bilderrahmen.

TAG 5

Kreative Visitenkarten oder:

Das kleinste Werbeplakat der Welt in Ihren Händen

Sie nutzen Visitenkarten? Gut so. Aber das machen alle. Also heißt es auffallen, damit Sie im Gedächtnis bleiben!

Die klassische Visitenkarte ist vorne schlicht gestaltet und auf der Rückseite... leer. Warum eigentlich? Aus Angst vor hohen Druckkosten? Bei einem Preis von etwa 35 € für 1.000 Visitenkarten – vorder- und rückseitig vierfarbig bedruckt?

Vergessen Sie die Bedenken und nutzen Sie die Rückseite Ihrer Visitenkarte! Sie können dort Teile Ihres Angebots auflisten, den Anfahrtsweg beschreiben, einen Lebenslauf von sich unterbringen, auf Ihren Newsletter hinweisen, oder, oder, oder...

Verschenken Sie nicht den Platz auf der Rückseite!

Und wer sagt eigentlich, dass eine Visitenkarte immer viereckig sein muss?

Sorgen Sie dafür, dass Sie bei Ihren Kunden gleich bei der Übergabe der Visitenkarte durch Individualität punkten und gestalten Sie Ihre Karte kreativ und außergewöhnlich – das bleibt im Gedächtnis des Kunden haften!

Einige kreative Beispiele sollen Ihnen Appetit machen, selbst zu experimentieren:

Ein roter Faden zieht sich durch die Visitenkarten eines Kollegen:

Eine Visitenkarte kann auch mal quadratisch sein, wie das Beispiel auf der folgenden Seite zeigt:

Foto: http://www.flickr.com/photos/heylovedesigns/

Und eine Visitenkarte kann sogar als Flaschenöffner dienen:

Auf meiner Webseite www.machtfrisch.de habe ich eine Vielzahl von Beispielen gesammelt, von der Sie sich gerne inspirieren lassen können, hier zwei Beispiele:

Surfen Sie einfach unter http://www.machtfrisch.de/tag/visitenkartenideen/ vorbei.

TAG 6

Bus & Bahn, das kommt an oder:

Abgefahrene Werbung: Wie Sie täglich viele tausend Anzeigenleser bekommen

Hunderttausende fahren täglich mit öffentlichen Verkehrsmitteln – und langweilen sich während der Fahrt. Warum verkürzen Sie den Passagieren nicht die Wartezeit und erzählen ihnen von sich?

Die U-Bahn fährt ein, man ergattert einen Platz und dann kommt die Langweile: Drei Stationen bis zum Ziel. Zu kurz, um ein Buch aufzuschlagen, zu lang um sich nicht zu langweilen.

Und was macht der Durchschnittspassagier da? Er liest die Werbung in U-Bahn, Bus und Straßenbahn. Aus lauter Langeweile!

An keiner anderen Stelle haben Sie als Unternehmer so ausführlich die Gelegenheit, von sich zu erzählen! Nutzen Sie diese Chance...! Während Sie auf den sonstigen Plakaten immer kurz und knackig mit flotten Sprüchen auf sich und Ihr Unternehmen aufmerksam machen müssen, haben Sie in den öffentlichen Verkehrsmitteln die Möglichkeit, richtig lange Texte an den Mann und die Frau zu bringen. Denn nirgendwo sonst wird so intensiv die Werbung gelesen wie in den Bussen und Bahnen.

Schildern Sie also Ihre Produktionsprozesse, erzählen Sie von Ihrer Firmen-Philosophie, zeigen und beschreiben Sie Ihre Dienstleistungen umfassend, präsentieren Sie Ihre Produkte mit einer ausführlichen Beschreibung und zeigen Sie sie während der Nutzung, so dass der Kunde ein gründliches Bild erhält.

Und das Beste: Werbung in den öffentlichen Verkehrsmitteln ist (relativ) preiswert: schon ab 50 € können Sie in Bussen und Bahnen präsent sein und Ihr Unternehmen zeigen!

Auf jeden Fall eine intelligente Methode, die Langeweile der Passagiere zur Information zu nutzen...

Extra-TIPPs:

In jeder Stadt mit ÖPNV findet sich ein Anbieter, der die Werbung in den öffentlichen Verkehrsmitteln verwaltet, oft sind es die Stadtwerke selbst, manchmal ausgegliederte Firmen. Eine Google-Suche mit den Stichworten „Name der Stadt, Werbung, ÖPNV" bringt Sie zumeist ans Ziel bzw. zu den Anbietern.

Artikel über intelligente Werbung im ÖPNV
Unter der Internetadresse
http://www.tjm-consulting.de/PDF/
Publikationen/2004/2004-08_Werbung.pdf
finden Sie eine PDF-Datei mit einem Artikel, der die Erfolgsfaktoren für gute Werbung im ÖPNV aufzeigt.

Lustige Beispiele
Eine Google-Suche mit den Stichworten „Werbung ÖPNV mit lustiger Werbung" bringt Sie zu außergewöhnlichen, lustigen und intelligenten Beispielen, wie Sie mit ÖPNV-Werbung Aufmerksamkeit erzeugen. Darunter aus dieses Beispiel:

TAG 7

Gutscheine, ja… doch…! Oder:

Wenn der Schein nicht trügt, ist es gut für Ihren Kunden!

Gutscheine sind nach wie vor einer der Klassiker, auch wenn sie oft genug schon totgesagt wurden. Also sollten auch Sie diese Möglichkeit für sich nutzen!

Freuen Sie sich eigentlich, wenn Ihnen jemand etwas schenkt? Ja? Na – da geht es Ihnen, wie Ihren Kunden! Natürlich funktionieren Gutscheine nach wie vor – wenn sie intelligent gemacht sind.

Sparen Sie sich bitte Rabatt-Gutscheine, denn Preisermäßigungen ködern nur die Schnäppchen-Jäger und die wollen Sie doch nicht unbedingt, oder? Sehr viel besser sind

Gutscheine für zusätzliche Dienstleistungen in Kombination mit dem Kauf Ihres Produktes oder Ihrer Dienstleistung.

So könnten Sie beispielsweise als Friseur zusätzlich zum Haarschnitt eine Kopfhautmassage als Gutschein anbieten. Oder sehen Sie sich die Küchenfachgeschäfte an, die machen es genauso: Beim Kauf einer Küche ist die Planung (im Wert von einigen hundert Euro) gratis...

Und denken Sie daran, dass ein Gutschein nicht langweilig sein muss, wie das folgende Beispiel zeigt:

Foto: http://inagorillacostume.com/2011/sweet-lovely-style-for-you-guerrilla-marketing-ice-cream-cone/

Extra-TIPP:

Versuchen Sie es doch mal mit einem wirklich fiesen (aber legalen) Trick: Wenn einer Ihrer Mitbewerber eine Gutschein-Aktion fährt, dann schalten Sie parallel einfach eine Anzeige oder dekorieren Ihr Schaufenster mit der Aufschrift, dass Sie natürlich auch dessen Gutscheine einlösen – und zusätzlich noch eines draufsetzen und die Dienstleistung XY dazu anbieten….

Das ist dann wirklich „Guerilla-Marketing" vom Feinsten – Sie werden im Folgenden noch mehr lesen…

TAG 8

Schilder…

…aber anders! Oder:

Schildbürgerstreiche ganz anderer Art

Schilder finden wir überall. Aber wer sagt eigentlich, dass Schilder immer rechteckig und wie Schilder aussehen müssen? Sprengen Sie die Grenzen und machen Sie Ihr Schild einzigartig!

Das Firmenschild, das Hinweisschild, das Namensschild, das Ladenschild… rechteckig, oder wenn es mal ganz außergewöhnlich ist, dann rund. Aber das muss nicht sein: Inhalt, Gestaltung und Form können auch ungewöhnlich sein!

Überlegen Sie mal, wie Sie kreativ bereits bei der Form Ihres Schildes Aufmerksamkeit auf sich ziehen und damit die Werbebotschaft für Ihr Unternehmen verstärken können.

Die folgenden Beispiele sollen Ihnen einige Anregungen geben:

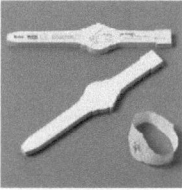

Und keine Angst: Auch das Herstellen von Schildern ist in den letzten Jahren zwar nicht unbedingt billig, aber doch wesentlich preiswerter geworden, als es früher mal der Fall war. Also trauen Sie sich und zeigen Sie Mut zur ungewöhnlichen Form!

Extra-TIPP:

Der Fotostream bei Flickr von *In a Gorilla Costume* zeigt viele Beispiele kreativer Schilder. Sie finden ihn unter

http://www.flickr.com/photos/inagorillacostume/with/6338278004

Lassen Sie sich einfach inspirieren…!

TAG 9

Der 5 Kilo Messestand oder:

Wie Sie Ihren kompletten Messestand unter dem Arm tragen

Messen sind teuer. Wahnsinnig teuer! Wenn Sie jemals versucht haben, sich als Aussteller ein Messebausystem für eine Messe zu leihen, werden Sie den gleichen Gedanken gehabt haben, wie ich beim ersten Mal: ich will mir doch kein Haus kaufen, sondern nur einen Messestand mieten! Es geht aber auch entschieden billiger mit ein bisschen Gehirnschmalz.

Wie im Marketing-Tipp mit der Nummer 2 bereits beschrieben, stellen die so genannten Roll-ups eine preiswerte Werbemöglichkeit dar. Nutzen Sie Roll-Ups deshalb auch für Messen!

Der besondere Clou dabei: Wenn Sie die Roll-Ups intelligent designen, können Sie Ihren Messestand wachsen und schrumpfen lassen – ganz nach Bedarf.

Wie das geht? Nun, Sie nutzen zum einen nicht nur jeden Banner für sich als Werbefläche, sondern gestalten ein über mehrere Banner übergreifendes Motiv. Die Firma Display Vision zeigt auf ihrer Seite

http://display-messestand.de/Praesentationssysteme.php

ein schönes Beispiel hierfür:

RollUp Banner & Prospektständer zur Präsentation Ihres Unternehmens kaufen

Ob für eine kleine Promotionaktion am Eingang eines Marktes, eine Werbebotschaft in Ihrem eigenen Geschäft oder für Ausstellungen und Messen - wir haben das passende Equipment und Präsentationssysteme, die hohe Qualität für einen guten Preis ermöglichen. Im folgenden ein paar Beispiele für RollUp Display-Banner.

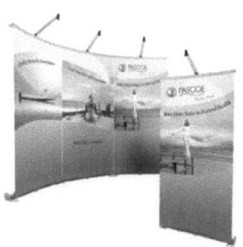 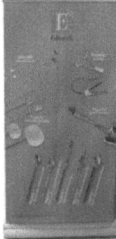 

Links sehen Sie eine intelligente Kombination mehrerer Roll-Up-Banner, die im Prinzip fast beliebig aneinander gereiht werden können. Im Bausteinsystem können Sie 2, 3, 4 oder mehr Banner nebeneinander aufstellen, da sie alle bannerübergreifend gestaltet wurden. Sehr intelligent gemacht! So erhalten Sie bei 3 Bannern schon für unter 200 € einen kleinen Messestand....

TAG 10
Ambush Marketing oder:
Da ist was im Busch: Werbung im Fahrwasser der Anderen

Im Fahrwasser großer Events und Ereignisse lässt sich gut mitfahren: Weltmeisterschaften, Olympiaden, große Rockkonzerte und Festivals etc. Man nennt das dann Ambush Marketing.

Sie kennen es von Ihrem Bäcker: Während der Fußball-Weltmeisterschaft gibt es dort die Fußball-Brötchen. Natürlich nicht die „UEFA-Cup-Brötchen", denn sonst käme der Lizenzanwalt der UEFA und würde unseren kleinen Bäcker verklagen... Aber die „Fußball-Brötchen" dürfen es sein, denn das Wort „Fußball" kann nicht als Marke geschützt werden...

Nutzen Sie auf jeden Fall die Möglichkeit, ein anstehendes Großereignis für ihre Werbezwecke zu beanspruchen. Es gibt ja eigentlich nichts Besseres: Jede Zeitung berichtet darüber, die Menschen sprechen darüber... Beste Vorraussetzungen also, um über den Umweg dieses Großereignisses Ihr Unternehmen ins Gespräch zu bringen!

Wenn Sie dann beschließen, auf den Zug eines Großereignisses aufzuspringen (und das sollten Sie tun!), recherchieren Sie bitte im Vorfeld im Internet ausführlich zum Thema Markenrecht im Zusammenhang mit der Großveranstaltung. Sie finden dann Hinweise von Rechtsanwälten, die genau beschreiben, was möglich ist und was verboten.

Für die Fußball-Europameisterschaft 2012 hat beispielsweise die IHK Saarland einen sehr brauchbaren Leitfaden entwickelt: Suchen Sie einfach bei Google nach *IHK Saarland Wettbewerbsrecht* und Sie stoßen dabei auf den Artikel *UEFA EURO 2012: Wie werbe ich richtig?*, der die wichtigsten Informationen zusammenfasst.

Wenn Sie dann aufpassen und die Tipps der Rechtsanwälte beherzigen, dann können Sie die Großveranstaltung getrost für sich nutzen. Vorschläge? Ideen gefällig?

- Ein Einzelhandelsgeschäft könnte beispielsweise für jeden, der im Deutschland-Trikot einkauft 10% Rabatt anbieten.

- Ein Elektrofachgeschäft bietet das „Fußball-Paket" an: zu jedem neuen Fernseher wird ein Six-Pack Bier und eine Packung Salzstangen geliefert.

- Zur Olympiade machen Sie im Einzelhandel den Weitsprung-Rabatt: Pro 10 cm, die aus dem Stand gehüpft wurden, erhält der Kunde einen Prozent Rabatt.

Suchen Sie selbst nach lustigen Ideen, seien Sie kreativ!

Image: FreeDigitalPhotos.net

TAG 11

Geheimsprache QR-Code oder:

Geheimnisvolle Zeichen auf Plakaten und Flyern

Bestimmt haben Sie ihn schon irgendwo gesehen: den QR-Code. Das sind diese kleinen Quadrate aus schwarzen und weißen Pünktchen, die neuerdings auf jedem zweiten Werbeplakat prangen.

Mit der Verbreitung der Smartphones hat sich auch die Möglichkeit verbreitet, immer und überall via Handy ins Internet zu gehen. Und dies war der Startschuss für die Verbreitung der QR-Codes. Sie sind im Prinzip nichts anderes als die Balken-Codes, die wir von den Produktverpackungen im Supermarkt kennen. Hinter den kleinen Quadraten verbirgt sich ein Code mit Informationen, der von entsprechenden Apps auf dem Smartphone ausgelesen werden kann.

Das bedeutet, Sie können in so einem QR-Code Informationen hinterlegen. Beispielsweise Ihre kompletten Kontaktdaten. Oder eine Internetadresse.

Ein solcher Code auf Ihrer Visitenkarte erspart dem Nutzer das Abtippenen Ihrer Daten: Mit einem Klick auf dem Smartphone werden die Adressdaten in die Kontaktverwaltung des Handys übernommen. Sehr praktisch!

Foto: Michael Kappel

Sie können Ihre Kunden mit solchen QR-Codes aber auch auf bestimmte Internetangebote Ihrer Firma leiten. Und wer sagt eigentlich, dass ein QR-Code immer nur auf Papier gedruckt sein muss?

Foto: http://www.flickr.com/photos/5volt/

Extra-TIPP:

Hier können Sie verschiedene QR-Codes ganz einfach und kostenlos selbst generieren:

www.goqr.me/de/

TAG 12
Low-Budget-Marketing oder:
Wie Sie mit Querdenken viel Geld sparen bei der Kundenjagd

Marketing kostet in der Regel eine ganze Menge Geld – außer, Sie lernen, gegen den Strich zu denken! Nehmen Sie sich Querdenker zum Vorbild und hinterfragen Sie die üblichen Ansätze…

Ob Sie es nun Guerilla-Marketing oder Low-Budget Marketing nennen, ist eigentlich zweitrangig. Hauptsache, Sie machen Ihre Werbekampagnen nicht genauso langweilig wie die anderen Firmen: Machen Sie´s pfiffiger, kreativer, lustiger, aufregender!

Trauen Sie sich, einfach mal ganz außergewöhnliche Aktionen zu, vesrtossen Sie bewußt gegen die Konventionen! Und Sie werden merken: Das wird wahr genommen, das sorgt für Aufmerksamkeit! Und tzwar für mehr Aufmerksamkeit als klassisches Marketing. Und wenn Sie ein bißchen mehr Zeit in die Ausarbeitung der Idee stecken als in den Marketingetat, sind solche Low-Budget-Aktionen in der Regel recht preiswert.

Die Beispiele auf den nächsten Seiten zeigen eigentlich viel deutlicher als viele Worte, was Low-Budget-Marketing sein kann:

Werbung für eine Floßfahrt (Foto: http://www.flickr.com/photos/7891209@N04/)

Politische Kampagnen (Foto: http://www.flickr.com/photos/howardlake/)

Werbung für ein kräftiges Ketchup (Foto: http://www.flickr.com/photos/liveu4/)

Heiße Reifen.... (Foto: *adsoftheworld.com*)

Der Post-It Man problematisiert Hautkrebs (Foto: adsoftheworld.com)

Auf meiner Seite www.machtfrisch.de habe ich selbst viele
Guerilla-Marketing-Beispiele gesammelt…:

Ein Restaurant in Würzburg macht durch eine ausgefallene Toilette auf sich aufmerksam
(Foto: Stefan Frisch)

Selbst mit Luft kann man auffalende Werbeideen kreieren

Guerilla-Marketing im Reisebüro

14. Mai 2009, Kategorie: Guerilla-Marketing

Beispiel für eine gelungene Guerilla-Marketing-Aktion eines Reisebüros in Burgthann bei Nürnberg

Kürzlich habe ich im Rahmen eines öffentlichen Projekts ein Ehepaar aus dem Nürnberger Umland beraten. Das Projekt fördert

Guerilla-Marketing-Aktion für ein Reisebüro

Guerilla-Marketing mit der Visitenkarte

1. Februar 2009, Kategorie: Beispiele Guerilla-Marketing

Wie zwei Löcher an der richtigen Stelle aus einer normalen Visitenkarte eine Guerilla-Marketing-Visitenkarte machen, das zeigt das Beispiele in diesem Blog-Beitrag

Ein tolles Beispiel für Guerilla-Marketing anhand einer Visitenkarte habe ich bei meinem Kollegen von **I believe in adv** gefunden:
Eine Yogaschule in den USA macht mit der folgenden Visitenkarte auf sich aufmerksam:

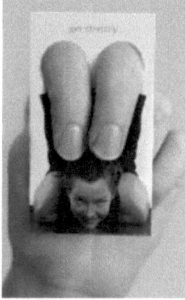

Guerilla-Marketing-Visitenkarte

Das sieht man mal wieder: die üblichen Schienen verlassen, zwei Löcher an der richtigen Stelle und fertig ist eine Visitenkarte, die garantiert für Aufsehen sorgt, **DAS** ist Guerilla-Marketing!

Fernsehbericht über Guerilla-Marketing-Aktion Fürth-Freeze

12. Juli 2008, Kategorie: Guerilla-Marketing
Permanent Link To Fernsehbericht über Guerilla-Marketing-Aktion Fürth-Freeze

Fernsehbericht über die Guerilla-Marketing-Aktion der Abteilung Jugendarbeit Fürth

Gestern lief nun auch der Fernsehbeitrag im 3. Bayerischen Fernsehen: Die **Abendschau Franken** brachte einen etwa 3-minütigen Bericht über die Freeze-Aktion in der Fürther Fußgängerzone vom vergangenen Samstag.

Gezeigt werden auch in diesem Bericht die Vorbereitungen zum Freeze, sowie der eigentliche Freeze. Mehrere Passanten-Interviews zeichnen ein Bild davon, wie die Freeze-Aktion in der Bevölkerung aufgenommen wurde.

Das Bild zeigt einige Ausschnitte aus dem Bericht.

Insgesamt betrachte ich damit diese Guerilla-Marketing-Aktion als vollen Erfolg:

Eine Guerilla-Aktion aus dem Jahr 2008, die gerade mal 60 Portionen Eis gekostet hat – hätte man den gleichen Effekt mit herkömmlichen Marketingmethoden erzielen wollen, hätte man dafür rund 16.000 € ausgeben müssen.

Die ganze Geschichte zu dieser Aktion lesen Sie unter http://www.machtfrisch.de/2008/07/12/fernsehbericht-ueber-guerilla-marketing-aktion-furth-freeze/

Zweiter Teil

Ambient Marketing

Ambient Marketing

Ambient Media wird von Wikipedia definiert als „Werbemittel, die als Außenwerbung im direkten Lebensumfeld der Zielgruppe eingesetzt werden." Das Zauberwort der Definition dabei ist der zweite Teil: *im direkten Lebensumfeld der Zielgruppe.*

Während klassische Außenwerbung eher ziellos ist, im Sinne, dass ein Plakat gemietet wird, das dann eine übergroße Anzeige zeigt und die an alle gerichtet ist, die an diesem Plakat vorüberlaufen oder –fahren, ist beim Ambient Marketing eben jener zweite Teil der Definition der wichtige: An welcher Stelle positioniere ich meine Aussenwerbung auf intelligente Art und Weise, weil ich weiß, dass an dieser Stelle ein hoher Anteil meiner Zielgruppe vorbei kommt?

Um dies mit ein paar Beispielen zu verdeutlichen:

- Das mit dem Firmenlogo beklebte Auto eines Schreiners macht ganz besonders viel Sinn, wenn es am Wochenende in der Nähe des Haupteingangs der großen Küchen-Messe geparkt wird.

- Ganz ähnlich muss der Wirt des italienischen Restaurants gedacht haben, der diesen Fiat 500 unmittelbar vor seiner Gaststätte geparkt hat:

Die Beschriftung auf dem Fass macht Appetit auf das Restaurant: *Espresso 1,50 €, Cappuccino 2,50 € und Kirsch-Kuchen 2,50 €!*

- Warum nutzen Sie nicht eine klassische Plakatwand mal ganz unklassisch: Sie können genau definieren, welches Plakat an welcher Stelle Sie buchen, also nutzen Sie es aus und nehmen auf dem Plakat explizit auf die Umgebung bezug! Das kann sein, dass Sie das Motiv so wählen, dass Sie darauf abgebildet sind, wie Sie in eine bestimmte Richtung zeigen und sagen: "Dort in 100 Metern gibt´s leckere Schnitzel (erstklassige Malerarbeiten/schönen Schmuck für die Liebste/schicke Autos für echte Männer o.ä.)".

- Auch dieser Betreiber eines Hotels hatte eine sehr kreative Idee, wie er auf sich aufmerksam machen kann:

Oder Sie nutzen Ironie, Sarkasmus oder andere Formen des Humors, wie es ein Bestattungsinstitut in Berlin gemacht hat: Auf dem Bahnsteig der U-Bahn war in großen Lettern zu lesen „Kommen Sie doch näher." Wer dieser Aufforderung nachkommen wollte, wäre auf den Schienen der U-Bahn gelandet und zu einem künftigen Kunde des annoncierenden Bestattungsinstituts geworden. Das Bild dieses Werbeplakats voll schwarzem Humor geisterte monatelang durch alle

Gazetten und die Sozialen Netzwerke: Kostenlose Werbung für das Bestattungsinstitut...

Sie sehen schon: Auch Außenwerbung kann pfiffig angegangen werden und muss nicht langweilig sein. Ein paar Grundideen will ich Ihnen in den folgenden Kapiteln mitgeben. Nutzen Sie diese als Ausgangspunkt für Ihre eigenen kreativen Ansätze!

Und denken Sie dabei immer an die wichtigste Frage:

Wo kann ich diese Aussenwerbung so platzieren, dass ein hoher Anteil meiner genau definierten Zielgruppe sie sieht?

TAG 13

Autoscheiben Prospekthalter oder:
Wie jeder Parkplatz zum Kundenköder wird

Nutzen Sie Ihr Auto als beweglichen Informationsstand. Spezielle Halterungen bieten die Möglichkeit, Ihr geparktes Auto als Prospektständer zu nutzen.

Sie sind viel mit dem Geschäftsauto unterwegs? Prima. Sie haben Ihr Auto mit Ihrer Werbung beklebt? Noch besser! Warum nutzen Sie dann Ihren Wagen nicht gleich als Informationszentrale und Prospektverteiler?

Bei verschiedenen Händlern im Internet finden Sie Acrylboxen, meist sogar mit Deckel als Regenschutz, die Sie einfach in die Seitenscheibe Ihres Autos klemmen um dort dann Ihre Prospekte den vorübergehenden Passanten zur Mitnahme anzubieten.

Wenn Ihr Auto durch seine Beklebung noch die passende Aussage bietet, ist jeder Parkplatz künftig für Sie ein kleiner Messestand!

Die Boxen gibt es in verschiedenen Formaten: für Visitenkarten, für Flyer im DIN-Lang-Format und sogar für das A4-Format. Als praktikabelstes Format hat sich das DIN-Lang-Format erwiesen. Für etwa 10 bis 20 € erhalten Sie wetterfeste Prospektständer für die Autoscheibe.

Extra-TIPPs:

Lieferanten-Adressen für Autoscheiben-Prospekthalter:

Real Garant Shop	www.realgarant-shop.de
Vita Displays	www.prospekthalter.com
Expostore	www.expostore.de
Acrylstore	www.acrylstore.com
Acrylhaus	www.acrylhaus.de

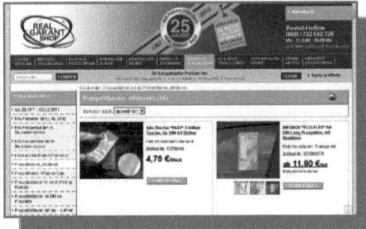

Der Real Garant Shop beispielsweise bietet die Prospekthalter für die Autoscheiben in seinem Internetshop an.

TAG 14

Fahrradplakat oder:
Drahtesel-Marketing ist keine dumme Idee

Sie haben ein altes Fahrrad bei sich im Keller stehen? Holen Sie es herauf und machen Sie es zum fahrenden Werbeplakat.

Werbung ist teuer, vor allem in den Städten. Die Verwaltung verlangt für jedes Plakat, jeden Werbeständer, jede Fahne, jedes Display Extra-Gebühren. Aber dem können Sie sich entziehen. Nutzen Sie ein altes Fahrrad, montieren Sie zwischen Sattel und Lenker Ihre Werbung (beispielsweise mit einem mit Gummis festgemachten Banner) und stellen Sie das Fahrrad in der Nähe Ihres Ladengeschäfts ab.

Natürlich sollten Sie das Fahrrad ab und zu bewegen, denn nur so können Sie gegenüber der Verwaltung behaupten, dass es sich wirklich um ein Fahrrad und nicht um einen Werbeträger handelt, der mit Gebühren belastet werden kann.

Das bedeutet: Stellen Sie das Fahrrad jeden Tag an einer anderen Stelle ab und schließen Sie es mit einem dicken Schloss fest.

Sie können ihr Fahrrad zusätzlich ausstatten mit speziellen Fahnen für Fahrräder, die für noch mehr Aufmerksamkeit sorgen.

Ein schönes Beispiel für ein Fahrrad als „Werbeständer"…
Foto: http://www.flickr.com/photos/adactio/

Extra-TIPPs:

Bannerstop
Unter der Internetadresse www.bannerstop.com findet sich ein Anbieter, der Banner in allen denkbaren und undenkbaren Formen individuell produziert. Darüber hinaus bietet er umfangreiches Befestigungsmaterial für die Banner an, die auch für die Arretierung an Fahrrädern taugen.

Flag4you
Die Internetseite www.flag4you.de bietet Flaggen in allen Größen und Formen und darüber hinaus auch die Möglichkeit, diese Flaggen individuell zu gestalten. Eine Flagge in den Maßen 70x70 cm kostet beispielsweise um die 45 €.

TAG 15

Auto-Sonnenschutz oder:

Wenn die Sonne strahlt, werden Kunden angelockt

Sie parken Ihren Wagen doch sowieso in der Nähe Ihres Ladens oder Büros. Warum nutzen Sie ihn dann nicht einfach als Litfaßsäule?

Nutzen Sie Ihren Wagen und machen Sie ihn zum fahrenden Werbeträger, der sogar wenn das Auto steht für Sie Werbung macht.

Vor allem in den Sommermonaten ist er beliebt: Der Sonnenschutz für die Autoscheibe, den man mit einem Handgriff mittels eines Saugnapfs an der Fensterscheibe befestigt. So heizt sich das Auto nicht unnötig auf.

Aber warum verbinden Sie nicht das Nützliche mit dem Angenehmen und machen aus diesem Sonnenschutz einen Werbeträger für Ihr Unternehmen? Und warum nutzen Sie diesen Sonnenschutz dann nicht auch im Winter?

Bei einer Reihe von Anbietern kann man diesen Auto-Sonnenschutz individuell bedrucken lassen. Nutzen Sie diese Möglichkeit und präsentieren Sie sich in Ihrer Autoscheibe mit Ihrem Logo oder einem Hinweis auf Ihr Ladengeschäft ganz in der Nähe. Sie können dann auch im Winter den Sonnenschutz an der Scheibe befestigen und auf sich aufmerksam machen.

Der Auto-Sonnenschutz genutzt als pfiffiger Werbeträger – hier im Internetshop von shirts-selbst-bedrucken.de.

Extra-TIPPs:

Shirts selbst bedrucken
Dieser Internetshop bietet für rund 12 € pro Stück individuell bedruckten Sonnenschutz an:

    www.shirts-selbst-bedrucken.de

Personello
Auch dieser Anbieter bedruckt Auto-Sonnenschutz mit ihrem individuellen Motiv:

    www.personello.de

TAG 16

Viel heiße Luft: Luftballons oder:

Wie Sie mit heißer Luft Kunden anlocken

Irgendwie sind sie ja ziemlich außer Mode und gelten als ganz schön altbacken: Ballons. Aber genau deshalb und weil sie heute nur noch relativ selten benutzt werden, ziehen sie viel Aufmerksamkeit auf sich. Also sollten Sie sich diesen Effekt zu Nutze machen.

Gerade bei Ladeneröffnungen oder Events bietet sich der Klassiker zur Dekoration an: der Luftballon. In jedem Schreibwarenladen können Sie preiswert Ballons kaufen, aufblasen und ans Ladengeschäft hängen. Das Schöne daran: Ballons zappeln im Wind, bewegen sich und ziehen deshalb die Blicke auf sich. Und damit auf Ihr Ladengeschäft.

Und noch besser: In den letzten Jahren hat sich eine Vielzahl von Modellen entwickelt, die das klassische Ballon-Thema variieren. Beispielsweise die Riesenballons mit einem Durchmesser von 1 – 2 Metern... die sorgen garantiert für Aufmerksamkeit!

Aber es geht auch eine Nummer kleiner: Bereits für unter 30 Euro können Sie sich eigene Luftballons drucken lassen, auf der Seite

www.luftballon-kreativ.de

beispielsweise können Sie nach Ihren Wünschen bedruckte Ballons ganz einfach bestellen.

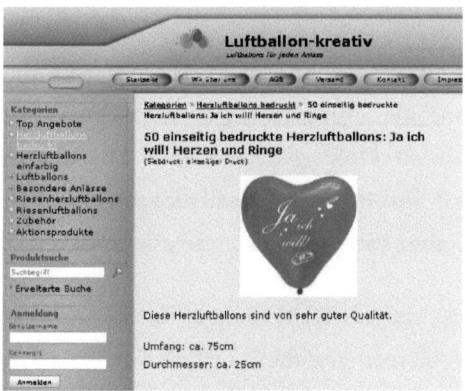

www.luftballon-kreativ.de

Mit Helium gefüllt, Flyer daran gebunden und in Verbindung mit einem kleinen Gewinnspiel sind solche individuellen Ballons richtige Werbeknaller. Und das zum geringen Preis...

TAG 17
Der Anhänger neu definiert oder:

Wie Sie ganz anhänglich für sich werben

Man sieht sie oft neben der Straße geparkt stehen. Und man nimmt sie eigentlich gar nicht mehr wahr, weil man schon so viele gesehen hat: Die Anhänger von Firmen mit ihren Firmenaufdrucken. Im Prinzip eine gute Idee, aber bitte nicht so wie alle anderen…

Warum muss ein solcher Anhänger immer aussehen wie vom Grafik-Praktikanten gestaltet? Viel zu viel Text (den eh keiner liest beim Vorüberfahren) und schlechte Grafik.

Alternative: Sie definieren den Anhänger neu! Stellen Sie ein Schild auf den Anhänger. Binden Sie Luftballons dran. Bauen Sie ein Gestell und hängen Sie ein Banner dran. Oder eine

Fahne. Oder stellen Sie eine Schaufensterpuppe drauf. Oder oder oder...

Aber nutzen Sie den Anhänger nicht als beklebten Anhänger mit Aufbau, sondern als eigenständiges Werbemittel.

Sie könnten ein komplettes Haus auf den Anhänger bauen, wenn Sie in der Baubranche tätig sind. Oder machen gleich eine mobile Fahrradwerkstatt draus. Noch weiter gesponnen. Warum nicht einen riesigen Zahn (wenn Sie Zahnarzt sind)? Oder eine riesige Brille (Optiker)? Oder einen künstlichen Haufen Münzen (Bank)? Oder oder oder – Sie sehen schon: ein wenig Nachdenken setzt Kreativität frei!

Ganz besonders eignen sich im Übrigen auch alte Einrichtungsgegenstände vom Trödelmarkt: Wie wäre es mit einem alten Behandlungsstuhl (Arzt), einer alten Nähmaschine (Schneider) oder für ein Elektrofachgeschäft eine alte Waschmaschine mit der Aufschrift „Wir holen ihre alte ab!"...? Ideen gibt es genug!

Als Gärtnerei bietet sich ein mobiler Garten an....

Und muss es eigentlich immer ein AUTO-Anhänger sein????

TAG 18

Ihr Auto als Werbeträger oder:

Das 10 qm große kostenlose und mobile Werbeplakat

Rund 10 Quadratmeter Werbefläche bietet ein durchschnittliches Auto. Warum lassen Sie diese Fläche ungenutzt?

Sie bewegen Ihr Auto täglich durch Stadt und Land – dann nutzen Sie es doch gleich als Werbeträger für Ihr Unternehmen! Die Folientechnik hat in den letzten Jahren eine rasante Entwicklung hinter sich: zum Einen wird sie immer billiger, zum Anderen sind ganz neue Techniken entwickelt worden, die ganz neue Möglichkeiten bieten.

Lassen Sie sich nicht abschrecken: So eine Folienbeklebung kostet nicht die Welt: Ein Aufkleber für die Autotür ist bereits ab 30 € zu haben, eine komplette (!!!) Beklebung des Autos schon ab 800 bis 1000 Euro...

Bis vor ein paar Jahren war es nur möglich, einfarbige Folien zu verkleben. Dies bedeutete: wer mehrfarbige Motive wollte, musste verschiedene Folien übereinander bzw. nebeneinander kleben – aber Farbverläufe zum Beispiel waren nicht möglich. Durch neue digitale Drucktechniken ist es nun möglich geworden, jedes Bildmotiv auf das Auto zu verkleben, wie das Beispiel zeigt:

Natürlich sind auch preiswerte klassische einfarbige Motive nach wie vor möglich:

Gerade für Leasingfahrzeuge bietet sich im Übrigen auch eventuell eine Vollverklebung an. Völlig unabhängig von der Grundfarbe des Autos wird der Wagen z.B. in Ihrer Firmenfarbe vollflächig verklebt. Das schützt nicht nur Ihren Lack, sondern bietet Ihnen vor allem die Möglichkeit, Ihren Fuhrpark an die Corporate Identity Ihres Unternehmens anzupassen.

Bei der Rückgabe des Leasingfahrzeugs wird die Folie restlos entfernt und Sie haben keine Probleme mit Ihrem Leasinggeber.

Ein paar Beispiele zeigen auch hier die Möglichkeiten:

Originalfarbe:

Farbe nach der Vollverklebung:

Das Auto im Originalzustand:

Und nach der Vollverklebung:

Und nun stellen Sie sich das Ganze noch mit Ihrem Firmenlogo und einem eingängigen Slogan kombiniert vor und Sie erkennen das Potential der Autobeklebung!

Extra-TIPP:

Der Autoverkleider
Die obigen Bilder stammen von Ingo Neuendank, der mit seiner Firma unter www.autoverkleider.de die Voll- und Teilverkleidung von Autos preiswert anbietet.

Dritter Teil

Online Marketing

Online Marketing

Keine Frage: Seit es das Internet gibt, hat sich das Thema Werbung sehr gewandelt! Von den ersten Bannern in den 90er Jahren des vorigen Jahrhunderts bis hin zu Google Ads hat es weniger als 20 Jahre gedauert, bis das World Wide Web zum festen Bestandteil unseres Alltags und damit auch der Werbemacher geworden ist.

Nicht jeder hat die Zeit (und das Geld), sich in die tiefen Geheimnisse effizienter und effektiver Google-Werbung einzuarbeiten. Dafür gibt es spezialisierte Agenturen, die in der Regel ihren Job sehr gut machen und ihr Geld auch wert sind. Beauftragen Sie diese bitte damit, Kunden online zu Ihnen zu locken, das ist besser, als es selbst zu versuchen. Glauben Sie mir!

Aber es gibt einige intelligente Online-Werbe-Möglichkeiten, die Sie ohne große Einarbeitungszeit und sehr preiswert nutzen können, weshalb sie hier in diesem Buch Erwähnung finden sollen.

Sie alle zeichnen sich dadurch aus, dass sie unkompliziert zu handhaben sind und auch mit sehr einfacher Infrastruktur auf die Beine gestellt werden können. Denn das hat sich Gott sei Dank geändert: Um effektiv online zu werben benötigen Sie keine riesige technische Ausrüstung oder umfangreiche (und damit teuere Software) mehr heutzutage. Meist genügt ein internetfähiger PC. Alles Weitere können Sie bei Dienstleistern kostengünstig oder zum Teil sogar kostenlos nutzen.

Aber bedenken Sie: Bei allem, was Sie online (werbe-) strategisch unternehmen – vergessen Sie nicht, dem Kunden immer wieder die Brücke zurück ins echte Leben (bzw. Ihren Laden) zu bauen! Der letzte Punkt Ihrer Online-Kommunikationsstrategie muss also immer eine Antwort auf die folgende Frage sein:

Wie bringe ich den Kunden dann schließlich in meinen Laden/mein Büro/meine Praxis etc.?

TAG 19

Ihr Firmenblog oder:
Wie Sie mit Tagebuch schreiben Kunden anlocken

Was vor einigen Jahren eigentlich als Online-Tagebuch einiger Weniger begann, hat sich mittlerweile zu einem mächtigen Online-PR-Instrument gemausert: Ein Blog.

Noch vor drei oder vier Jahren war ein Blog ein Tagebuch im Internet. Meist standen dahinter Freaks und Geeks, die ihre narzistische Ader auslebten und sich der Öffentlichkeit mit ihren Gedanken und Gefühlen präsentierten. Seitdem hat sich aber viel geändert: Nicht nur die Software ist hochprofessionell geworden, sondern auch die Anwendungsgebiete wurden massiv ausgeweitet und heutzutage kommt eigentlich keine Firma mehr ohne einen Unternehmensblog aus. Hier präsentiert sich das Unternehmen Kundennah und gibt Einblick in das tägliche Geschehen.

Die Software Wordpress hat sich hierfür ganz besonders gut etabliert. Sie ist kostenlos und kann recht einfach auch von Laien installiert werden. Anbieter mit Webspace, auf denen Wordpress installiert werden kann, finden sich im Internet bereits für rund 6 Euro pro Monat.

Außerdem bietet das Internet tausende kostenloser Designs, die Sie sehr einfach installieren können, ich bin mir sicher, da ist auch eines darunter, das für Sie geeignet ist!

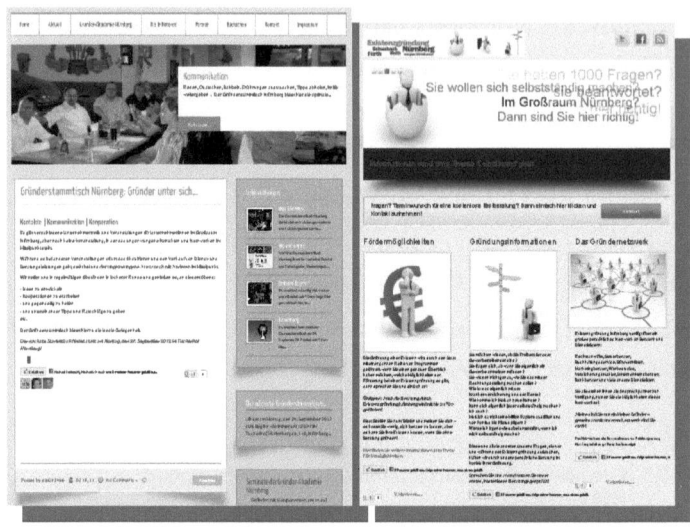

Wordpress bietet grafisch unendlich viele Möglichkeiten

Großer Vorteil der Software Wordpress: Sie liefert schon von Haus aus ganz viele Komponenten mit, die Sie in Ihrer Suchmaschinenplatzierung unterstützen. So arbeiten Sie sich quasi mit jedem Artikel, den Sie auf Ihrem Firmenblog schreiben, ein Stück weiter nach oben bei Google.

Die Software ist sehr einfach zu bedienen und selbst, wenn einmal Fragen auftauchen sollten, bietet die riesige Community im Internet immer eine Lösungshilfe. Hunderte leicht verständlicher Anleitungen und Videos erleichtern den Einstieg in die Software. Sie werden sehr schnell im Stande sein, eigene Inhalte online zu veröffentlichen.

Ebenfalls sehr charmant: anstatt jedes Mal eine Werbeagentur bitten zu müssen, Änderungen an Ihrer Internetseite vorzunehmen, können Sie dies selbst tun. Von jedem Internetfähigen PC aus. Also auch aus dem Ausland von unterwegs im Urlaub…

Die ideale Software also, um sich und Ihr Unternehmen im Internet bekannt zu machen! Mein Rat deshalb: Wenn Sie sich eine Unternehmensseite im Internet programmieren lassen, achten Sie bitte darauf, dass Sie Wordpress als Grundlage nehmen. Sie machen sich dadurch zukünftig unabhängiger von Ihrer Agentur und sparen somit dauerhaft Geld!

Mittlerweile gibt es ausgereifte Designs (kostenlos bzw. für rund 40 € einmalig), die in keinster Weise mehr wie ein Blog aussehen, sondern hochprofessionell gestaltet und sehr tauglich für Firmen sind. Hier einige Beispiele für die Vielfalt:

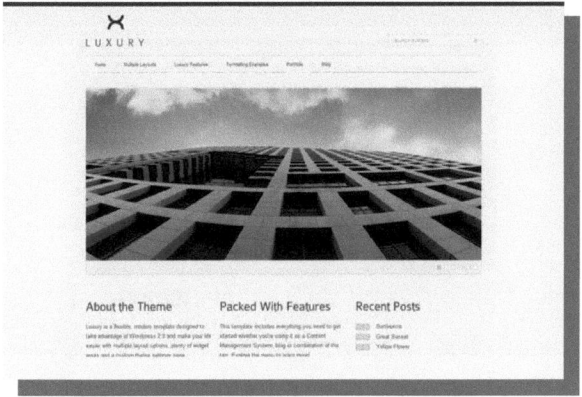

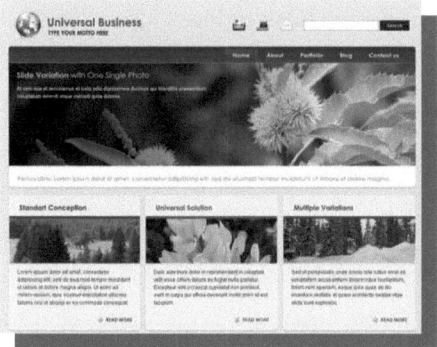

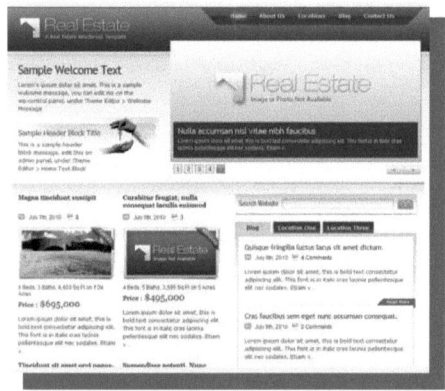

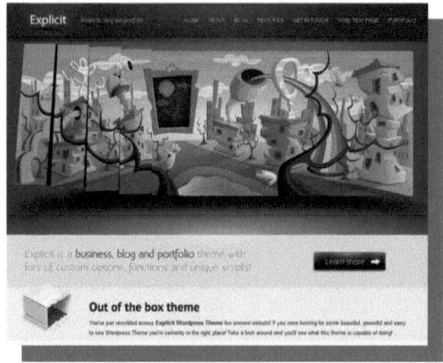

Extra-TIPPs:

Die offizielle Wordpress-Seite
www.wordpress.com

Viele kostenlose Designs für Wordpress
www.freethemeswp.org
www.justfreetemplates.com
www.freepremiumthemes.com
www.wordpressthemeshock.com
www.themeshift.com

Der meiner Meinung nach beste Wordpress-Hoster im preiswerten Segment
www.df.eu

Eine sehr zuverlässige Hosting-Firma mit der Möglichkeit, individuelle Lösungen anzupassen:
www.tec-promotion.de

Eine sehr schöne Wordpress-Anleitung bietet Hansjoachim Sprinz auf seiner Seite
www.wp-kurzanleitung

TAG 20

Kostenlose Presseportale oder:

Einmal geschrieben, zigmal verteilt: So bringen Sie Informationsdünger aus

Public Relation – also Pressearbeit – ist nach wie vor wichtig im Marketing-Mix. Auch wenn die Welt immer mehr Informationen aus dem Netz holt: gedruckte Informationen gelten immer noch als werthaltiger als solche aus dem Netz. Vergessen Sie also nicht die klassischen Medien!

Eine sehr schöne Möglichkeit, einen Gratis-Kanal zu nutzen, bieten die kostenlosen Presseportale im Internet: Man kann sich bei ihnen registrieren und Pressemeldungen in deren Portal einstellen. Journalisten auf der Suche nach Meldungen, suchen in den Beständen der Presseportale und mit etwas

Glück stößt jemand auf Ihre Meldung und macht eine Zeitungsgeschichte daraus....

Sie merken schon an der Formulierung „Zeitungsgeschichte", wonach Journalisten gerne suchen: Geschichten. Und zwar am Besten positive! Überlegen Sie also genau, welche Geschichte Sie erzählen können. Die Geschichte eines zufriedenen Kunden? Die Geschichte vom erfolgreichen Umsetzen eines spannenden Projekts in der Region?

Vergessen Sie auch nicht, Ihren Anteil an Großprojekten für die PR-Arbeit auszuschlachten: wann immer Sie mit Ihrer Dienstleistung oder Ihrem Produkt an einem größeren Projekt beteiligt sind – schreiben Sie eine Pressemeldung!

Sie liefern die Schrauben für das neue Kirchdach im Ort? Schreiben Sie eine Pressemeldung! Denn ohne Ihre Schrauben würde das Kirchdach ja auseinander fallen....

Sie liefern die Getränke auf die Baustelle der Ortsumgehungsstraße? Schreiben Sie eine Pressemeldung! Denn ohne Ihre Getränke könnten die Bauarbeiter nicht arbeiten....

Sie montieren die Türgriffe für den Neubau der Stadtbibliothek? Schreiben Sie eine Pressemeldung! Wie sollten denn die Menschen in die Bibliothek kommen ohne Ihre Türgriffe?

Journalisten berichten gerne über kleine Geschichten am Rande von Großprojekten oder Großveranstaltungen, deshalb geben Sie ihnen bitte Futter mit Ihren Pressemeldungen! Vor allem wenn das Projekt oder die Veranstaltung einen regionalen Bezug hat und Sie in dieser Region beheimatet sind, haben Sie sehr gute Chancen, dass Ihre Geschichte zu einem Artikel in der regionalen Zeitung wird!

Nutzen Sie also die Möglichkeit der freien Presseportale. Und selbst, wenn Ihre Pressemeldung zu einem Artikel in der Zeitung wird, war das Ganze nicht umsonst: Google indiziert viele der Presseportale und so haben Sie wenigstens etwas für Ihre Auffindbarkeit bei Google getan…

Extra-TIPP:

Kostenlose Presseportale (bei manchen ist eine Basismitgliedschaft kostenlos und kann durch eine Beitragszahlung in den Möglichkeiten und der Verbreitung aufgewertet werden) übersichtlich aufgelistet finden Sie in einem Download auf der Seite

www.machtfrisch.de/presseportale

Allerdings sollten Sie darauf achten, dass Sie nicht in zwanzig verschiedene Portale genau den gleichen Text hinterlegen: Google würde diese Textdoppelungen erkennen und Sie gegebenenfalls dafür abstrafen....

TAG 21

Ihr Newsletter oder:

So sparen Sie kräftig Porto bei Ihren Kundenbriefen

Eine schöne Möglichkeit, sich regelmäßig bei seinen Kunden in Erinnerung zu bringen, ist ein Newsletter. Intelligente und preiswerte Tools helfen bei der Umsetzung!

Das Wichtigste bei einem Newsletter: Der Nutzen! Wir alle erhalten mittlerweile viel zu viele Newsletter, die wir oft gar nicht lesen, es sind einfach zu viele!

Also ist der Newsletter out? Nein! Sehen Sie sich selbst an: Aus der Flut der Newsletter in Ihrem Mail-Postfach, löschen Sie 90% - aber die restliche handvoll Newsletter lesen Sie. Jedes Mal. Warum? Weil der Inhalt da stimmt und Ihnen einen ausreichenden Nutzen bietet. Ganz einfach.

Verzichten Sie also in Ihrem Newsletter auf Selbstbeweihräucherung und reine Angebotsaktionen. Das interessiert wirklich niemanden! Aber Hintergrundgeschichten, Tipps, Checklisten, SurfTipps, Tools... Davon können Abonnenten nie genug bekommen!

Also: Nutzen, Nutzen, Nutzen!

Zeigen Sie Anwendungsmöglichkeiten, erzählen Sie Erfolgsgeschichten, geben Sie Tipps und Hinweise für die richtige Anwendung, stellen Sie Checklisten zur Verfügung, leiten Sie Ihr Wissen weiter an Ihre Kunden, versorgen Sie sie mit wertvollen Links im Internet zu spannenden Seiten – es gibt unzählige Möglichkeiten, wie Sie Ihren Kunden Nutzen bieten können...

Extra-Tipps:

Die Firma Absolit bietet auf ihrer Internetseite einen kostenlosen Newsletter mit Tipps und Tricks zum Thema Newsletterversand:

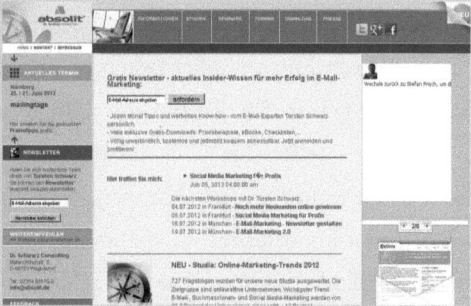

www.absolit.de

Supermailer

Ein sehr umfangreiches, preiswertes und hoch professionelles Tool für den Newsletterversand finden Sie unter

www.supermailer.de

TAG 22
Das kostenlose E-Book oder:
Der Doktortitel im Marketing für Sie, ganz ohne Studium

Informationen sind die Währung unserer Zeit – schließlich leben wir in einer Informationsgesellschaft... Warum schenken Sie Ihren künftigen Kunden dann nicht einfach Informationen und Insider-Wissen? E-Books machen es möglich.

Lange Zeit galt nur das gedruckte Wort: Ein Buch war bis vor wenigen Jahren der Ritterschlag eines jeden Beraters und zeugte von Kompetenz und Fachwissen. Mit der Verbreitung der Smartphones, Netbooks und Tablet-PCs finden aber elektronische Bücher immer stärkere Verbreitung. Sie werden allmählich zur ernst zu nehmenden Konkurrenz ihrer papiernen Brüder.

Immer und überall Lesen und so viel Bücher dabei haben, wie man Speicherplatz hat, das ist einer der großen Vorteile der E-Books. Und sogar nachts kann man literarische Streifzüge unternehmen, ohne den Partner im Bett zu stören, denn der kleine Bildschirm ist schließlich beleuchtet…

E-Books verbreiten sich immer mehr und halten Einzug in unseren Alltag. Nutzen Sie also diese Entwicklung und stellen Sie Ihren potentiellen Kunden ein E-Book zur Verfügung, das diese auf Ihrer Homepage herunterladen können. Menschen lieben Geschenke und wenn Sie ihnen ein kleines Buch mit wertvollen Hinweisen und Tipps zu Ihrem Fachthema schenken, haben Sie bereits den ersten Stein im Brett Ihrer künftigen Kunden.

Natürlich sollte das Buch tatsächlich nützliche Informationen beinhalten, denn das ist genau das, was Ihr Kunde erwartet: Nutzen! Schreiben Sie also eine Einführung zu Ihrem Thema, geben Sie Tipps und Hilfestellung zu Ihrer Dienstleistung oder beantworten Sie einfach die meistgestellten Fragen bereits im Vorfeld mit Hilfe eines solchen E-Books.

Ein E-Book kann der erste Schritt Ihres künftigen Kunden auf Sie zu sein!

Am einfachsten schreiben Sie Ihren Text ganz einfach in ein Textprogramm und lassen daraus eine PDF-Datei erstellen.

Diese stellen Sie dann auf Ihrer Homepage als Download bereit. Um die PDF-Datei zu erhalten, könnte der Kunde beispielsweise mit seiner E-Mail-Adresse bezahlen, so dass Sie eine Kontaktmöglichkeit haben... Aber aufgepasst: Die Deutschen sind mittlerweile sehr empfindlich, was das Thema Datenherausgabe angeht und vielleicht ist es weniger kompliziert, das Buch tatsächlich einfach zu verschenken, ganz ohne Gegenleistung.

Im Buch selbst dagegen können und sollten Sie dann die Gelegenheit zur Eigenwerbung durchaus nutzen und dem Kunden gleich noch ein tiefer gehendes Angebot machen. Beispielsweise könnten Sie ihm anbieten, eine kostenlose Erstberatung in Anspruch zu nehmen oder ein Testangebot zu beziehen, so dass der Kunde einen guten Grund hat, mit Ihnen Kontakt aufzunehmen.

Extra-TIPP:

Kostenloser PDF-Drucker für Windows
    www.heise.de/download/pdfcreator.html

Kostenlose Suite um E-Books zu produzieren
    www.calibre-ebook.com

Vierter Teil

Social Media Marketing

Social Media Marketing

„Bist Du schon bei Facebook?" Bis vor kurzem hörte man oft diese Frage, nun immer seltener. Warum? Weil fast jeder schon dabei ist! Die Sozialen Netzwerke haben in den letzten Jahren einen unglaublichen Run erlebt, wie es ihn vorher in der Geschichte der Menschheit so noch nicht gab: Millionen, ja sogar Milliarden Menschen tauschen sich online in diesen Netzwerken aus.

Dabei geht es um so wichtige Themen wie Fußball, Frauen, Autos, Schuhe, Essen… Es ist also eigentlich ganz wie im richtigen Leben. Und genau so geht es auch zu in diesen Netzwerken: da wird gequatscht und gekichert, gezwitschert und getratscht, geschimpft und gelobt, gejammert und gefeiert.

Für mich sind diese Sozialen Netzwerke nichts anderes als das zeitgemäße Abbild des früheren Marktplatzes: Auch dort wurde allenthalben Halbgares zum Besten gegeben, über die Nachbarn getratscht und vom letzten Urlaub erzählt.

Früher war für Sie als Unternehmer die Auflage einer Zeitschrift relevant, wenn eine Anzeige Sinn machen sollte: Wie viele Leser erreicht die Zeitschrift? Aus diesem Blickwinkel betrachtet, bieten die Sozialen Netzwerke eine „Auflage" wie keine Zeitschrift jemals zuvor. Die Nutzerzahlen der Netzwerke in Deutschland verdeutlichen dies (Stand Anfang 2014):

Facebook	27.000.000
Google+	9.000.000
XING	6.500.000
LinkedIn	4.000.000
Pinterest	1.500.000
Foursquare	500.000

Ganz egal, für wie sinnfrei Sie es halten, die Welt über die Tatsache zu informieren, dass Sie gerade einen Schweinbraten essen – als Unternehmer zählt für Sie, dass Sie dort präsent sind, wo Ihre Kunden sind. Das bedeutet auf die Sozialen Netzwerke bezogen: Sie müssen da rein! Sofort! Auf schnellstem Wege! Denn dort sind Ihre Kunden und die sprechen miteinander – und vielleicht sogar über Sie!

Also geben Sie Ihren Kunden doch etwas zu sprechen, indem Sie sie mit Informationen zu Ihrer Arbeit, Ihren Produkten, Ihrem Angebot etc. füttern. Neudeutsch heißt das dann Content Marketing, also das Verbreiten von Inhalten zu Marketingzwecken in diesen Netzen.

Wichtig dabei: hier geht es nicht in erster Linie um´s Verkaufen, sondern ums Informieren. Langweilen Sie Ihre *Fans* und *Follower* nicht mit anzeigenähnlichen Inhalten, sondern erzählen Sie Geschichten aus Ihrem unternehmerischen Alltag:

- Schildern Sie Erlebnisse mit Kunden
- Zeigen Sie, wie Ihre Produkte entstehen
- Zeigen Sie, wie Ihre Kunden Ihre Produkte benutzen
- Zeigen Sie die Menschen hinter dem Unternehmen und erzählen Sie deren Geschichte
- Lassen Sie Ihr Unternehmen menschlich und persönlich werden.

Haben Sie dabei bitte keine Angst vor den anderen Nutzern! Ja, es gibt shitstorms, über die man immer wieder liest. Und: Ja, hin und wieder findet sich in den Netzwerken eine negative Aussage vielleicht auch über Ihr Unternehmen. Aber sehen Sie es mal so: wenn Sie dabei sind und ein solches Statement hören, können Sie zeigen, dass Sie Ihre Kunden ernst nehmen, Sie können reagieren und für alle sichtbar

Verantwortung zeigen. Das kommt an und wird von den anderen honoriert. Viel schlimmer wäre es doch, wenn Sie nicht in den Sozialen Netzwerken sind, deshalb nicht mitbekommen, was dort über Sie gesprochen wird und deshalb auch nicht reagieren...!

Der Alltag zeigt aber Gott sei Dank, dass derartige negative Statements die absolute Ausnahme sind: Das Gros der Nutzer spricht lieber von seinen schönen Erlebnissen und gibt diese an die Freunde in den Netzwerken weiter. Und was gibt es besseres, als das gute alte Empfehlungsmarketing von Kunden? Insofern sind die Sozialen Netzwerke vor allem eines: Der Turbolader für Ihr Empfehlungsmarketing! Also, wie schon gesagt: Sie müssen da schnellstmöglich rein!

Extra-TIPPs:

Zahlen und Statistiken zum Nutzerverhalten in Sozialen Netzwerken gibt es hier:

    www.socialmediastatistik.de

TAG 23

Google+ und Google local oder:

Wie Sie Google füttern und besser gefunden werden

Mit weit über 90% der Suchanfragen beherrscht Google den Suchmaschinenmarkt in Deutschland. Egal, wie man dazu steht: Google ist die absolute Nummer 1 unter den Suchmaschinen. Punkt. Ist eben so.

Der Vorteil: Wir können bei der Optimierung unseres Online-Angebots die anderen Suchmaschinen quasi vernachlässigen, schlicht weil sie unrelevant sind... Das macht die Arbeit ein wenig einfacher!

Das bedeutet aber auch: Wir müssen das, was wir Online präsentieren, so zurechtschneidern, dass es möglichst gut auf die Anforderungen, die Google stellt, zurechtgeschnitten ist.

Eine ganze Industrie, die Suchmaschinenoptimierungs-Branche, hat sich mittlerweile entwickelt und versucht herauszufinden, welche Kriterien Google anlegt, um die Position bei den Suchergebnissen zu ermitteln.

Google hingegen hütet diese Technik stärker als Coca-Cola seine Formel für das Brausewasser und so ist es ein beständiger Kampf zwischen Google selbst und den Optimierern, die versuchen, legale und illegale Strategien zu entwickeln, um ihren Kunden einen Platz ganz weit vorne bei Google zu ermöglichen.

Extra-TIPP:

Es gibt unzählige Angebote da draußen, die versprechen, Ihre Seite bei Google nach vorne zu bringen. Da es sich dabei um richtig harte Handarbeit (aufwendige Analyse- und Beobachtungsprozesse, einarbeiten der Ergebnisse von Hand in den Quelltext der Seite etc.) handelt, kostet seriöses Suchmaschinenmarketing bzw. -optimierung immer eine Stange Geld!

Hüten Sie sich deshalb vor Billig-Angeboten! Eine vernünftige Rundum-Betreuung Ihrer Webseite wird Sie wahrscheinlich nicht unter 1200 bis 1500 Euro pro Monat (!!!) kosten. Alle anderen Angebote, die darunter liegen sollten Sie stutzig machen!

Es gibt aber sehr wohl zwei Möglichkeiten, die Sie selbst sehr einfach (und noch dazu kostenlos) nutzen können, um Google zu helfen, Sie und Ihre Webseite im Internet besser zu finden: Das Soziale Netzwerk von Google *Google+* und der Bereich *Google Local*.

Google+

Vor dem Hintergrund des massiven Wachstums von Facebook sah sich Google vor einigen Jahren gezwungen, ein eigenes Netzwerk auf die Beine zu stellen: Google+. Im Prinzip ist dieses Netzwerk sehr mit Facebook zu vergleichen: Auch hier findet man Freunde und Kollegen und verknüpft sich mit ihnen. Auch hier präsentiert man sich mit einem persönlichen Profil und auch hier kann man Erlebnisse, Gedanken und Nachrichten mit den befreundeten Kontakten teilen. Der große Unterschied zu Facebook: Google hat sein Soziales Netzwerk mit der Suchmaschine verknüpft. Das bedeutet: Alles, was Sie dort posten, kommt auch in den Suchmaschinenindex von Google und dient als Grundlage der Suchfunktion von Google.

Nutzen Sie also diese Tatsache und legen Sie bei Google+ ein Profil von sich und Ihrem Unternehmen an und füttern Sie den Index von Google!

Die Anmeldung und Nutzung ist kostenlos (Sie „bezahlen" ja Google dafür mit Ihren Daten). Vielleicht sind Sie ja sogar schon bei Google+ registriert, ohne es zu wissen, denn falls Sie jemals einen Google-Dienst wie die Kalenderfunktion oder Google-Docs in Anspruch genommen haben oder Besitzer eines Smartphones mit Android-Betriebssystem sind, legt Google automatisch ein Google+-Profil für Sie an!

Kontrollieren Sie also, ob Sie schon über ein Profil dort gelistet sind oder legen Sie sich aktiv ein neues Profil an und tragen Sie die relevanten Daten zu Ihrer Person und Tätigkeit bzw. Ihrem Unternehmen ein.

Seit einiger Zeit ist es auch möglich, nicht nur ein personenbezogenes Profil bei Google+ zu hinterlegen, sondern auch ein spezielles Firmenprofil, das Ihnen noch mehr Möglichkeiten bietet, sich und Ihr Unternehmen bei Google zu präsentieren.

Extra-TIPPs:

Unter der nachfolgenden Seite erhalten Sie eine ausführliche Anleitung, wie Sie Ihr persönliches Google+-Profil anlegen:

> www.torbenleuschner.de/blog/522/eigene-google-seite-erstellen/

Hier wird Ihnen erklärt, wie Sie Ihre Firmenseite bei Google+ anlegen:

> www.heise.de/ct/artikel/Googles-Plus-1656532.html

Björn Tantau gibt auf seiner Seite hervorragende Hinweise zum Marketing mit Google+:

> www.bjoerntantau.com/google-plus

Google Local

Ein weiterer Dienst von Google eignet sich vor allem für Ladenbesitzer und Büroinhaber mit Kundenverkehr: Google Places (so hieß es bis vor kurzem) bzw. Google Local.

Sie kennen die Einträge sicherlich von Ihren eigenen Suchen bei Google: Wenn Sie nach einem Stichwort im Zusammenhang mit einer Stadt- oder Ortsangabe suchen, erscheint auf der rechten Seite eine Landkarte, auf der mit einem kleinen Marker die gefunden Ladengeschäfte eingezeichnet sind.

Sie können sich unter

www.google.com/local/

registrieren und Angaben zu Öffnungszeiten, Parkmöglichkeiten, den angebotenen Produkten und Dienstleistungen hinterlegen. Dies sollten Sie nutzen, um Google auch mit diesen Daten zu versorgen, auch sie fließen in die Suchmaschinenpositionierung mit ein und erhöhen Ihre Auffindbarkeit bei Google.

Extra-Tipp:

Bastian Sens gibt auf seiner Seite eine lesenswerte Anleitung zu Google Local:

www.sensational-marketing.de/blog/
die-ersten-schritte-mit-google-local/

TAG 24

Facebook-Profil oder:

Geschäfte machen mit Freunden

Die halbe Welt scheint mittlerweile bei Facebook zu sein – naja, es ist nicht wirklich die halbe Welt, aber ein Fünftel der Menschheit etwa. Ein guter Ort also, um auf Kunden zu treffen!

Vielleicht sind Sie ja schon privat bei Facebook und tauschen sich dort mit Freunden, Verwandten und Bekannten aus. Das ist praktisch und macht Spaß. Und genau so geht es vielen Millionen anderen Menschen – im Augenblick schätzt man, sind rund eine Milliarde Menschen auf dieser Plattform registriert. Wow. Eine Milliarde Menschen mit einem Mausklick erreichbar. Theoretisch.

Aber genau hierin liegt das Potential: Sie können auf der Plattform Facebook sehr einfach Kontakt zu Menschen herstellen. Und sehr preiswert: Mit einer Nachricht, ein paar Mausklicks…

Bisher haben Sie (wenn Sie schon bei Facebook sind) die Plattform wahrscheinlich eher privat genutzt. Denken Sie nun aber darüber nach, Facebook auch geschäftlich zu nutzen! Das kann möglicherweise zu Problemen mit Ihrem Profil führen: Wenn Sie bisher nur mit „echten" Freunden befreundet waren, dann durften die ruhig wissen, dass Sie am vergangenen Wochenende kräftig gefeiert haben... Aber sollen Ihre Kunden so was künftig auch lesen?

Eine Möglichkeit, den privaten und den geschäftlichen Bereich besser zu trennen besteht darin, sich jeweils ein eigenes Profil anzulegen: Behalten Sie Ihr bisheriges privates Profil als privat und legen Sie ein komplett Neues als künftiges geschäftliches Profil an, auf dem Sie dann nur themenbezogen posten und Informationen rund um Ihr Business bekannt geben.

Das private Profil können Sie dann sehr geschützt und geschlossen halten und die Informationen gehen dann nur an die ausgewählten Freunde und Bekannten. Das Geschäftsprofil hingegen können Sie sehr öffentlich gestalten und (da ja von Ihnen nur „offizielle" Informationen dort gepostet werden) für alle Welt öffnen.

Die Meldung von der Geburtstagsfeier am vergangenen Wochenende kommt dann also ins private Profil, die

Nachricht, dass Sie am Dienstag eine Rabatt-Aktion in Ihrem Laden haben, ins offizielle...

Beschäftigen Sie sich ein wenig mit den Einstellungsmöglichkeiten bei Facebook, es lohnt sich: Sie können sehr genau festlegen, wer was sehen bzw. lesen darf...

Mein „öffentliches" Profil bei Facebook...

Sie müssen aber bei künftigen Freundschaftsanfragen auch darauf achten, die beiden Profile voneinander zu trennen:

- Die Anfrage eines Bekannten für Ihr öffentliches Profil können Sie bedenkenlos bestätigen, denn er kann/soll ja ruhig auch mitbekommen, was Sie geschäftlich machen
- Ein Bekannter, der sich mit Ihrem privaten Profil verbinden will, kann bestätigt werden, wenn Sie ihn

wirklich dort haben wollen – wenn er also all Ihre privaten Infos erhalten soll
- Ein Fremder, der sich mit Ihrem offiziellen Profil verknüpfen will, kann bestätigt werden, denn er soll ja Ihre Geschäftsmitteilungen empfangen
- Ein Fremder, der ein „privater Freund" werden will, sollte abgelehnt werden. Aber Sie können ja mit Ihrem öffentlichen Profil ansurfen und von dort aus sich mit ihm „befreunden" – dann landet er im öffentlichen Pool

Konsequenz daraus ist allerdings, dass Sie immer darauf achten müssen, mit welchem Profil Sie sich einloggen!

Sie können die Problematik der Trennung von privat und offiziell im Übrigen auch mit den Listen handhaben: Facebook bietet die Möglichkeit, seine Freunde bestimmten Listen zu zu ordnen. Wenn Sie das konsequent machen (z.B. eine Liste „Freunde und Verwandte" und eine Liste „Offizielle Meldungen") dann können Sie im Prinzip bei jedem Post, den Sie absenden, bestimmen, welche Empfängerliste die jeweilige Meldung sehen darf.

Allerdings müssen Sie dann wirklich darauf achten, dass Sie vor dem Absenden einer Meldung auch immer die richtige Liste anwählen, sonst kann es peinlich werden...

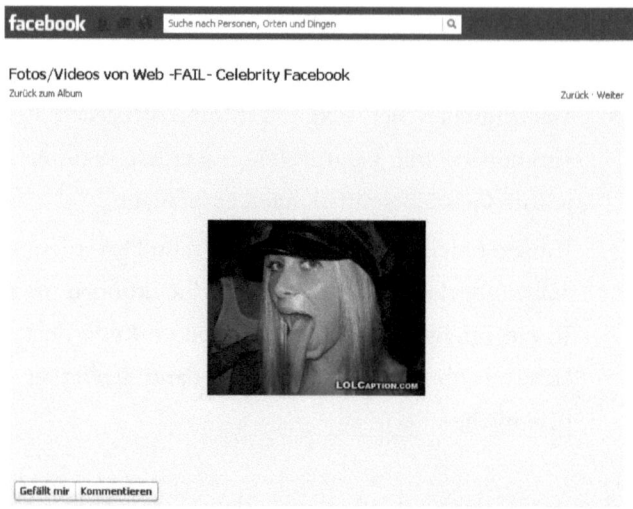

Ein Foto im falschen Profil gepostet könnte peinlich werden...

Für den Fall, dass Sie noch gar nicht bei Facebook sind: Dann haben Sie es etwas einfacher: Verschaffen Sie sich gegebenenfalls ein privates Profil, das Sie sehr geschlossen halten. Am Besten nehmen Sie dafür als Profilname einen Fantasienamen, dann sind Sie auch für Ihre künftigen „offiziellen" Freunde nicht mit Ihrem Privatprofil zu finden, weil von denen ja keiner Ihren Spitznamen kennt.... Somit wird niemals eine Anfrage eines Fremden an Ihr Privatprofil gelangen können...

Parallel dazu starten Sie ein „offizielles" Profil unter Ihrem richtigen Namen (dann können potentielle Kunden Sie gut finden), das Sie weit geöffnet halten und mit dem Sie versuchen, viele „Freunde" zu sammeln, die dann Ihre offiziellen Meldungen lesen können.

Eine gute und kurze Einleitung in die Möglichkeiten von Facebook und weiterleitende Links finden Sie unter

www.plerzelwupp.de/facebook-fuer-einsteiger/

TAG 25

Facebook Fans oder:

I like what you do: So werden aus Freunden Kunden

Sie haben also ein „offizielles" Profil bei Facebook? Gut so! Aber sollte Ihr Geschäft als solches nicht auch noch bei Facebook präsent sein? Nutzen Sie die Möglichkeit einer Unternehmensseite bei Facebook!

Eine Unternehmensseite bei Facebook ist kostenlos und vergleichbar mit einem „Profil", aber eben für Unternehmen gedacht. Das bedeutet: Die Unternehmensseite ist nicht mehr auf eine einzelne Person bezogen, sondern auf ein ganzes Unternehmen. Deshalb kann man sich mit einer Unternehmensseite auch nicht „anfreunden" (weil es ja kein Mensch ist, sondern eine Institution) sondern nur „gefällt mir" klicken.

So eine Unternehmensseite bietet die beste Möglichkeit, um auf Ihr Unternehmen aufmerksam zu machen. Hier können

Sie über Ihr Geschäft berichten, Angebote einstellen, wertvolle Tipps geben, die neu eingetroffene Kollektion vorstellen, Gewinnspiele veranstalten etc. Eine Unternehmensseite bei Facebook bietet eine hervorragende Möglichkeit, mit Ihren Kunden in einen Dialog zu kommen. Nutzen Sie diese Möglichkeit!

Fragen Sie Ihre Kunden künftig bereits im Vorfeld, was ihnen gefallen würde! Einige Beispiele:

- Als Restaurant stellen Sie einige mögliche Menüs zur Wahl und lassen Ihre Kunden den Favoriten wählen
- Als Hersteller stellen Sie verschiedene Farbmodelle zur Auswahl
- Als Veranstalter fragen Sie nach den gewünschten Musikrichtungen
- etc.

Sie können Facebook damit quasi als kleine und kostenlose Marktforschungsplattform nutzen und mehr über die Wünsche Ihrer Kunden erfahren!

Eines allerdings ist wichtig: Machen Sie nicht den Fehler und stellen eine Unternehmensseite ein, die Sie dann nicht pflegen. Schlimmster Fall könnte sein, dass ein Kunde einen Kommentar abgibt, den Sie tage- oder wochenlang nicht beantworten...

Surfen Sie deshalb regelmäßig jeden Tag kurz auf Ihrer Unternehmensseite vorbei und kontrollieren Sie die Meldungen und Kommentare um gegebenenfalls zu reagieren, denn die Faceboook-Nutzer erwarten eine Reaktion!

Zuweile entspinnen sich da sehr sympathische und ein wunderbar positives Licht auf Ihr Unternehmen werfende Dialoge:

Das obige Beispiel zeigt, wie lebendig ein solcher Dialog mit Kunden aussehen kann. So wird Facebook zu einem wunderbaren Kundenbindungsinstrument!

Überhaupt lege ich Ihnen die Seite von Walther´s Säfte ans Herz:

facebook.com/saftfreunde

Eine kleine Kelterei im Osten Deutschlands zeigt, wie man Facebook als Kundenkommunikations-Instrument intelligent und erfolgreich einsetzen kann: Bereits 1972 Gefällt-mir-Klicks konnte diese Unternehmensseite sammeln. 1972 Kunden, die kostenlos und unkompliziert erreicht werden können…

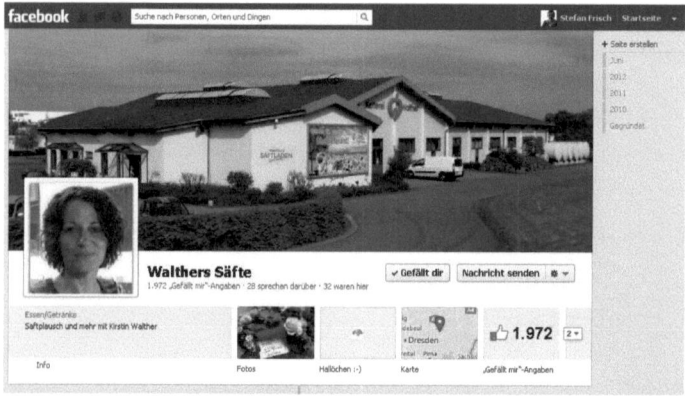

Spätestens wenn Sie sich mit diesem Beispiel beschäftigt haben, wird klar: Ihr Unternehmen braucht eine Unternehmensseite bei Facebook. So weit, so gut. Sie können sich allerdings auch überlegen, ob Sie nicht für verschiedene Geschäfts-bereiche oder unterschiedliche Projekte, die Sie anbieten, eigene Unternehmensseiten bei Facebook aufbauen.

So könnten Sie zum Beispiel als Installateur die Bereiche Heizung und Bad voneinander trennen und als jeweils eigene Unternehmensseite bei Facebook präsentieren – so könnten Sie zielgenauer potentielle Kunden ansprechen.

Oder Sie nutzen für zeitliche befristete Projekte oder Veranstaltungen jeweils eigene Unternehmensseiten. Auf der nachfolgenden Seite finden Sie einige meiner Projektseiten als Beispiele:

Die Seite für meine Marketing-Tätigkeit

Zwei Projekte mit meinem Kollegen Jan Steinbauer:
Gründerstammtisch Nürnberg und startupkalender

Die Facebook-Seite für den Bereich Existenzgründungsberatung

Extra-TIPPs:

Thomas Hutter ist Spezialist für Facebook-Marketing, Sie sollten seine Seite im Auge behalten, denn er hat stets die aktuellsten Neuigkeiten in Sachen Facebook zu bieten:
www.hutter-consult.com/

Die Seiten von allfacebook sind ein beständiger Quell von News und HowTos zum Thema Marketing mit Facebook. Unbedingt empfehlenswert:
www.allfacebook.de

TAG 25

YouTube oder:

TV-Werbung mal ganz anders und kostenlos

Sie kennen YouTube. Sie nutzen es. Ihre Kunden nutzen es auch – warum also nicht beides verbinden und auf diesem Weg potentielle Interessenten an Ihr Unternehmen heranführen?

Videomarketing ist mittlerweile ein anerkannter Bereich im Marketing. Bis vor einigen Jahren war es sehr teuer, ansprechende Videos zu drehen und im Internet zu hosten. YouTube und die Smartphones haben dies alles verändert! Sie können heutzutage mit einem Smartphone und einer einfach zu bedienenden App ansprechende kleine Videos über sich und Ihre Tätigkeit oder Ihr Unternehmen drehen und diese anschließend bei YouTube hochladen und der Menschheit präsentieren.

Die bei YouTube gelagerten Videos können Sie auch ganz einfach in Ihre Internetseite mit einbauen und dort den Besuchern Ihrer Webseite zeigen.

Nutzen Sie diese Möglichkeit, denn die Einrichtung eines eigenen Kanals bei YouTube ist kostenlos und schnell passiert. Wenn Sie schon bei Google+ registriert sind, geht das Ganze sogar noch einfacher, denn YouTube gehört seit einigen Jahren Google und wurde mit den Profilen dort gekoppelt...

Legen Sie sich also einen eigenen Kanal an (so nennt sich ihre eigene Seite bei YouTube). Dort können Sie ebenfalls Daten zu sich, Ihrer Tätigkeit und Ihrer Firma hinterlegen und sich präsentieren. Auch das im Übrigen wieder ein kleiner Baustein für Ihre persönliche Suchmaschinenoptimierung!

Und ab diesem Zeitpunkt können Sie dann eigene Videos hochladen, mit einer gründlichen Beschreibung hinterlegen (dies ist wiederum für das Thema Suchmaschinenoptimierung wichtig, also achten Sie auf die Verwendung relevanter Schlagworte in der Beschreibung!).

Drehen Sie dann künftig kleine Videos von sich, Ihrem Ladengeschäft, wie Sie Kunden bedienen, ein Projekt fertig stellen etc. Kunden interessieren sich tatsächlich für die Hintergründe Ihres Unternehmens, die Produktionsprozesse der Produkte, die Sie anbieten und Sie haben so die Möglichkeit, sich transparent zu präsentieren.

Nicht umsonst sind Sendungen wie *Galileo* oder *Die Sendung mit der Maus* so beliebt, weil sie interessierten Menschen Hintergründe aufzeigen und die Welt ein kleines bisschen verständlicher und fassbarer machen.

Mit YouTube haben Sie ein einfaches und kostenloses Instrument für Ihr Videomarketing zur Verfügung, das künftig einen Baustein in Ihrer Marketingstrategie bilden wird.

Und welche Inhalte sollten Sie veröffentlichen? Nun – hier einige Ideen: Zeigen Sie Videos von

- Veranstaltungen
- Produktionsprozessen
- Beispielprojekten
- Kundenreferenzen
- Kundenmeinungen
- Erfolgreichen Umsetzungen
- etc.

Ganz wichtig: YouTube bietet sich als Schnittstelle zwischen Ihrem Offline- und dem Online-Marketing an: Dinge, die im echten Leben passieren (Workshops, Aufgabenlösungen, Projektrealisierungen, Unternehmensfeiern, Vorträge, Tage der Offenen Tür etc.) können Sie so ganz einfach dokumentieren und online stellen. Diese Videos wiederum können Sie dann bei Google+ und Facebook teilen und so Ihre Aufmerksamkeit auch Online mit der Nacharbeit zu den Events erhöhen. Sie steigern so die Nachhaltigkeit eines Firmenevents maßgeblich, denn so bekommen nicht nur die Besucher etwas von diesem Event mit, die jeweils dabei waren, sondern andere können das Event im Nachhinein noch wahrnehmen und sich einen Eindruck davon verschaffen.

EXTRA-TIPPs:

René Renk ist Spezialist für Videomarketing und YouTube und gibt auf seiner Seite viele kostenlose Tipps zu erfolgreichem Marketing mit YouTube, er hat diese Tipps direkt als Videos zur Verfügung gestellt:

www.renerenk.com/

Obgleich der Humor von YTITTY beileibe nicht der meine ist, sind die drei Jungs, die seit ein paar Jahren ihr Geld alleine mit der Vermarktung ihrer Comedy-Videos auf YouTube ihren Lebensunterhalt verdienen ein gutes Beispiel für das Potential von YouTube:

www.youtube.com/user/YTITTY

Eine sehr gute und ausführliche Übersicht zum Thema *Marketing mit YouTube* bietet die Seite von webvideo.de. Dort wird auch gezeigt, wie Sie die einzelnen Videos optimieren, Untertitel einfügen etc.:

webvideo.com/de/youtube-marketing-guide/

TAG 27

Pinterest oder:

Die Pinwand, die Ihre Kunden anlockt

Sie haben zu Hause in der Küche wahrscheinlich eine und daran hängen dann die diversen Flyer der Pizza-Lieferdienste, die Schlüsseldienstnummern etc.: eine Pinwand. So etwas gibt es nun auch digital – und diese Pinwand bringt Ihnen sogar Kunden ins Haus!

Pinterest heißt ein Soziales Netzwerk, das nun auch in Deutschland immer stärkere Verbreitung findet und der Name kommt nicht von ungefähr, denn das Prinzip bei Pinterest ist das gleiche wie bei der heimischen Pinwand: Ich sammle dort alle möglichen Schnipsel (Pins), die mir gefallen und die ich aufheben möchte.

Allerdings geht es bei Pinterest nicht um Telefonnummern von Pizzalieferanten und Kinderärzten, sondern um Bilder von anderen Pinterest-Mitgliedern. Man sieht sich dort die Pinnwände anderer Mitglieder an, die diese nach bestimmten Themen organisiert haben und klebt sich die interessantesten davon auf sein eigens Pinbrett.

Auf meiner Pinnwand beispielsweise sammle ich Beispiele kreativen Marketings, das sieht dann konkret so aus:

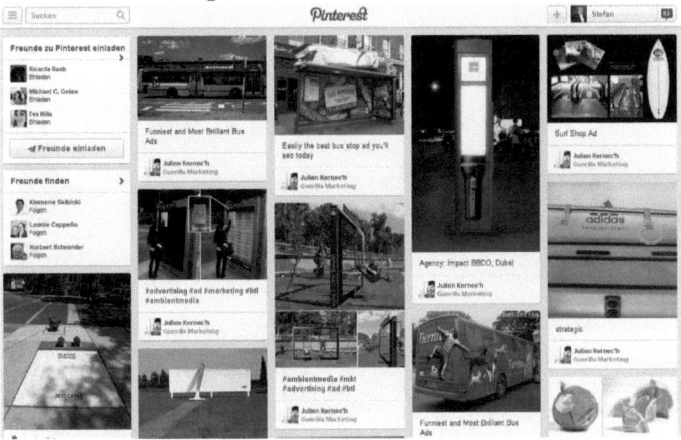

Pinterest ist ein wunderbares Medium, um sich inspirieren zu lassen. Egal, ob es um ihr ganz persönliches Lieblingsthema geht, oder ob es sich um ein geschäftliches Thema dreht – Sie werden immer interessante und spannende Beispiele entdecken!

Sie lieben Moderne Architektur? Dann suchen Sie nach diesem Stichwort und werden sofort belohnt mit wunderbaren Bildern von Beispielen gelungener zeitgenössischer Bauweise! Sie suchen nach Beispielen gelungener Werbeflyer? Auch da werden Sie schnell fündig und können sich von kreativen Ideen inspirieren lassen!

Suchergebnis für den Begriff „Modern Architecture":

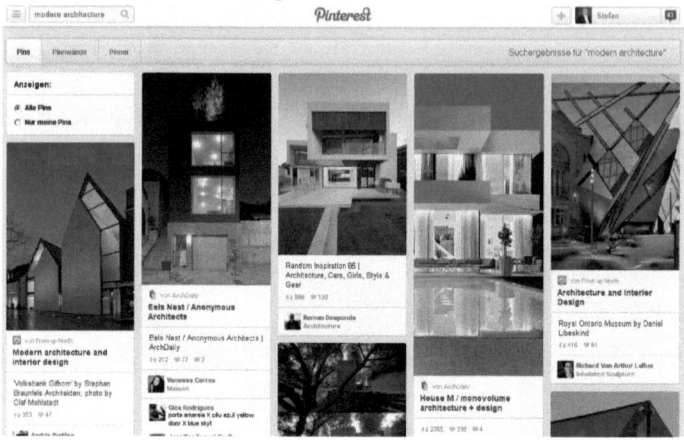

Suchergebnis für den Begriff „creative flyer"

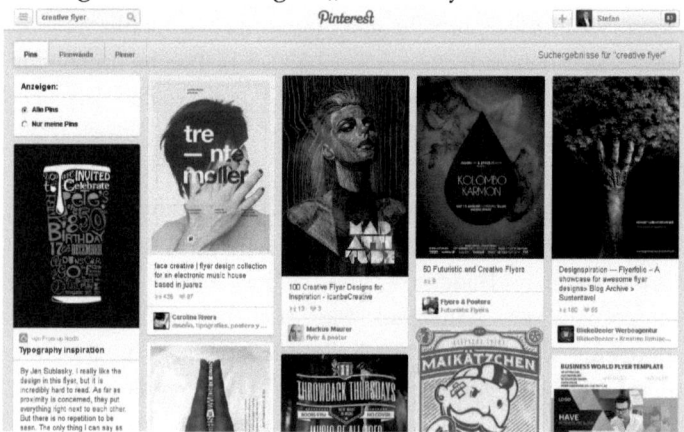

Nutzen Sie also Pinterest!

Sammeln Sie interessante Beispiele auf Ihrer persönlichen Pinwand und stellen Sie diese wiederum online Interessenten zur Verfügung. Im Laufe der Zeit werden Sie so „Follower" generieren, die über diese Plattform auf Sie und Ihre Arbeit aufmerksam werden und so den Weg zu Ihnen finden.

EXTRA-TIPPs:

Futurebiz stellt auf seiner Homepage einen kostenlosen Marketing-Guide als Download zur Verfügung:

www.futurebiz.de/artikel/pinterest-marketing-guide-fur-unternehmen-kostenloses-pdf-mit-40-seiten/

Einen ersten Einblick in die Marketing-Strategie mit Pinterest erhalten Sie auf der Seite von Unternehmer.de:

www.unternehmer.de/marketing-vertrieb/157658-pinterest-unternehmen-tipps-marketing-tool

Eine gut lesbare Präsentation für den schnellen Einstieg in Pinterest bietet Ihnen *Datenonkel*:

de.slideshare.net/datenonkel/pinterest-fr-unternehmen-der-ultimative-marketing-guide

TAG 28

Foursquare oder:
Wenn der Major in den Laden kommt, dann wissen es alle

Für Ladenbesitzer und Gastronomen hat sich ein neues Soziales Netzwerk etabliert, das die virale Verbreitung unterstützt. In Amerika spielt es bereits sein großes Potential aus.

Wenn ein Kunde in Ihren Laden kommt, kann er künftig nicht nur im echten Leben den Laden betreten, sondern parallel dazu auch online bei Ihnen „einchecken". Der Vorteil: Alle „Freunde" Ihres Kunden bei Facebook erfahren in diesem Augenblick, dass Ihr Kunde gerade bei Ihnen ist. Das ist sozusagen Empfehlungsmarketing im Vorübergehen!

Im Prinzip funktioniert Foursquare ganz ähnlich wie die anderen Sozialen Netzwerke: Sie registrieren sich (kostenlos!) und können dann bei anderen Läden, Dienstleistern, Gaststätten etc. einchecken und Punkte sammeln. Foursquare ist auf Örtlichkeiten bezogen und Sie können Ihr Büro,

Ladengeschäft oder Ihr Restaurant dort auch als Ort eintragen, damit es von anderen Besuchern gefunden werden kann.

Je öfter Sie einen Ort aufsuchen, desto höher steigen Sie im Rang. Der höchste Rang ist dabei der „Mayor", also der Major bzw. auch als Bürgermeister übersetzbar. Das heizt den Spieltrieb an und führt dazu, dass sich Kunden jedes Mal bei Ihnen einloggen um ihren Rang zu verbessern.

Als registrierter Besucher haben Sie auch die Möglichkeit, auf den besuchten Ort bezogene Informationen zu hinterlassen, also das Ladengeschäft oder den dortigen Service zu bewerten. Der Nutzen? Als Foursquare-Mitglied können Sie damit ganz einfach vor dem Besuch eines Restaurants nachsehen, ob einer Ihrer Bekannten vielleicht schon in diesem Restaurant war und wie er es fand. Finden Sie eine positive Rezension, werden Sie sicherlich dort einkehren!

Und der Nutzen für Sie als Unternehmer? Nun, ganz einfach: Sie ermöglichen Ihren Kunden, Ihre Dienstleistung oder Ihr Angebot zu bewerten und diese Bewertungen werden von deren Freunden in anderen Sozialen Netzwerken wahrgenommen. So stößt jemand auf Ihr Unternehmen, der bisher noch gar nicht auf Sie aufmerksam geworden ist!

Darüber hinaus bietet Foursquare auch weitere spannende Features für Sie als Unternehmer an: So können Sie beispielsweise für Kunden, die erstmals in Ihr Ladengeschäft kommen, einen Bonus ausloben und so vorübergehende Kunden in Ihren Laden locken: Eine kostenlose Tasse Kaffe, ein Erstbesucherrabatt etc.

EXTRA-TIPPs:

Auf der Seite von Performance Marketing findet sich eine ausführliche zweiteilige Anleitung, wie Sie Ihr Unternehmen mit Hilfe von Foursquare effektiv vermarkten:

> www.performance-marketing.at/social-media-marketing/foursquare-als-marketingplatform-fur-unternehmen-teil-1/

Eine Seite, die sich ganz dem Thema Foursquare widmet, ist *allesfoursquare*. Hier findet man Tipps und Tricks zur Nutzung auch als Unternehmer:

> www.allesfoursquare.de

Und auf einer Unterseite findet sich dort ein Beispiel, wie sich Foursquare auch für Guerilla-Marketing-Aktionen nutzen lässt:

> www.allesfoursquare.de/guerilla-marketing-mit-foursquare/

TAG 29

XING oder:

Wie Sie sich deutschlandweit vernetzen und so Kunden zu sich führen

Mit seinen rund 6,5 Millionen Nutzern zählt XING zum größten deutschsprachigen Business-Netzwerk im Internet. Der Schwerpunkt der Online-Plattform liegt dabei auf der Anbahnung von Geschäftskontakten.

Wie in den anderen Sozialen Plattformen auch, können Sie sich bei XING mit einem persönlichen Profil präsentieren und Kontakte knüpfen. Dabei konzentriert man sich hier auf die rein geschäftlichen Kontakte.

XING hat einige Aspekte, die es sinnvoll machen, sich mit diesem Netzwerk gründlicher auseinander zu setzen:

- XING wird im Businessleben als seriös angesehen, das bedeutet: Eine Nachricht, die jemand über XING erhält wird er mit anderen Augen lesen, als wenn er sie beispielsweise über Facebook erhält.

- XING ist auch in den höheren Etagen durchaus weit verbreitet: So erreichen Sie oftmals direkt den Vorstand oder Geschäftsführer eines Unternehmens ohne Umwege.

- Während Sie bei Telefonaten meist erst die Wachhunde (Chefsekretärinnen) beruhigen oder umgehen müssen, kommunizieren Sie hier immer direkt mit der angesprochenen Person. Das macht es wesentlich leichter, der richtigen Person sein Projekt direkt vorzustellen.

- Die Mitglieder bei XING sind dort nur in Sachen Business unterwegs, d.h.: Hier wird durchaus noch auf vernünftige Umgangsformen untereinander geachtet und auch der Stil der Kommunikation ist geschäftlich geprägt und damit seriös.

- XING bietet eine ganze Reihe von Gruppen, in denen man zu einem bestimmten Businessthema diskutieren kann. Dort gibt man sich gegenseitig Rat und tauscht sich aus. Manche nutzen diese Gruppen auch dazu, um sich durch kompetente Antworten auf die Fragen der Mitglieder als Spezialist zu einem Thema zu positionieren.

Insgesamt lohnt es sich also, diese Kanäle von XING zu nutzen. Vor allem, wenn Sie im B2B-Bereich tätig sind, werden Sie über das Netzwerk viele wertvolle Kontakte zu Einkäufern und Entscheidern knüpfen können.

Aber auch wenn Sie im B2C-Bereich unterwegs sind: Interessenten können in der XING-Datenbank nach Stichworten suchen, stoßen dabei auf Sie, machen sich aufgrund Ihres hinterlegten Profils ein Bild von Ihnen und können dann ganz unkompliziert Kontakt zu Ihnen aufnehmen. Ich selbst habe schon so manchen Kontakt und dann auch Auftrag über XING hereingeholt.

Eine weitere Möglichkeit, die XING bietet, ist die Veröffentlichung von Veranstaltungen: Sie können also Ihre Geschäftskontakte sehr einfach zu Ihren Business-Events einladen, die Gäste können sich gleich auf eine Teilnehmerliste setzen – grundsätzlich ist es sogar möglich, eventuelle Teilnahmegebühren direkt online abzurechnen.

XING bietet ein kostenloses und ein kostenpflichtiges Konto an, mit dem man sich registrieren kann, die Unterschiede sind dabei durchaus relevant: Mit dem kostenlosen Account können Sie sich zwar registrieren und mit einem eigenen Profil präsentieren, können aber nur sehr eingeschränkt mit den anderen Mitgliedern kommunizieren und auch die Stichwortsuche ist stark eingeschränkt, so dass sich für eine vernünftige Akquise lediglich der sogenannte Premium-Account zu einem Monatspreis von 4,95 € eignet.

Wenn Sie sich bei XING registriert haben, sollten Sie viel Energie darauf verwenden, ein gutes Profil anzulegen. XING bietet hier zwei unterschiedliche Ebenen an:

- **Die Profildetails**
  Hier können Sie Daten zu Ihrer Qualifikation und Ihrem bisherigen beruflichen Werdegang hinterlegen. Wichtig sind hierbei die beiden Bereiche *Ich suche* und

Ich biete. Hier sollten Sie darauf achten, dass Sie vernünftige Schlagwörter verwenden, die auch Ihre Kunden bei der Suche selbst verwenden, denn die beiden Felder *Suche* und *Biete* dienen bei der XING-Suche als wichtigste Eingabefelder: Hier tragen Suchende das ein, nach dem sie suchen – und wenn diese Wörter nicht in Ihrem Profil stehen, werden diese von XING nicht gefunden und Sie tauchen im Suchergebnis nicht auf.

Nutzen Sie deshalb auch Synonyme, also nicht nur *Autowerkstatt* sondern auch *KFZ-Werkstatt*, *Reparaturwerkstatt* etc. damit Sie Ihre Auffindbarkeit steigern!

Hier sehen Sie ein Beispiel für gute Profildetails:

Ich biete

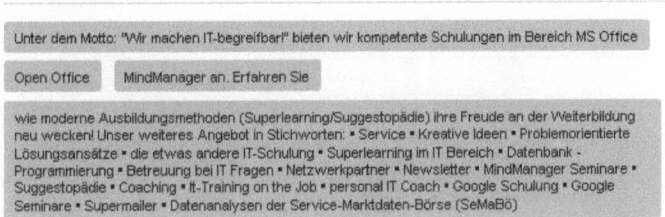

Ich suche

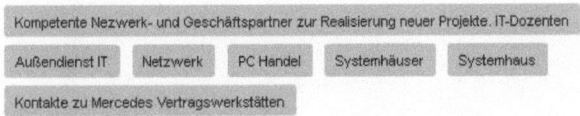

- **Das Portfolio**
  Hier bietet sich Ihnen die Möglichkeit einer Mini-Homepage: Sie können diesen Bereich recht frei gestalten und Downloads (z.B. Ihren Katalog oder die Firmenbroschüre) hinterlegen und sich oder Ihr Unternehmen mit Fotos präsentieren.
  Während XING im Allgemeinen in seiner Aufmachung sehr sachlich und fast schon kühl daher kommt, können Sie diesen Bereich nutzen, um durch aufmerksamkeitsstarke Fotografien und Bilder Ihrer Produkte Stimmung zu erzeugen.

Im nachfolgenden ein paar Beispiele für den kreativen Umgang mit dem XING-Portfolio:

Portfolio

Gestatten: Constanze Wolff, Brandstifterin.

Wirklich erfolgreich ist nur, wer mit ganzem Herzen agiert – das gilt für Sie genauso wie für mich. Denn nur, wenn Sie mich für Ihr Thema begeistern, fange ich Feuer – und kann mit diesem wiederum Ihre (potenziellen) Kunden und Kommunikationspartner anstecken. Meine Werkzeuge dazu heißen: Neugier, Leidenschaft und 26 Buchstaben. Was ich damit mache? Kommunikation und Coaching, die keinen kalt lassen. (Wer gerne hinter die Dinge schaut, klickt auch auf die Bilder!)

Portfolio

für Bewerber

Nicht nur im Sport gibt es das: Talente entfalten sich oft erst dann, wenn sie im passenden Team spielen. Es kommt nicht allein auf Fachkompetenz an – viele Begabungen entwickeln sich erst in der richtigen Umgebung zur Höchstform. Weil wir das verstanden haben, bieten wir eine andere Unterstützung in der Karriereentwicklung: Statt des Jobangebotes stellen wir Arbeitgeber in den Mittelpunkt. Wie sieht der Arbeitsplatz aus, wer arbeitet dort, wie wird Unternehmenskultur gelebt? Wir lassen Sie hinter die Kulissen schauen, aber das Bild machen Sie sich selbst. So gewinnen Sie einen authentischen Eindruck, ob Sie hier gut aufgehoben sind. Dieses Angebot wird gerade medial aufbereitet. Bis dahin - sprechen Sie uns einfach an!

für Unternehmen

Sie suchen Mitarbeiter. Nicht irgendwen.

Bewerber entscheiden sich für ein Unternehmen, weil sie sich dort fachlich und persönlich gut aufgenommen fühlen. Als Mitarbeiter bleiben sie, weil sie sich in der Kultur des Unternehmens

Portfolio

Klicken Sie auf die Bilder für mehr Informationen.

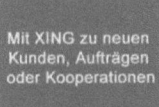  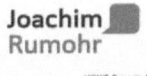

 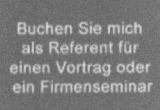 

EXTRA-TIPPs:

Joachim Rumohr ist der XING-Experte in Deutschland. Er bietet auf seiner Webseite nicht nur Seminare, die man bei ihm buchen kann, sondern auch eine Vielzahl von kostenlosen Tipps, Tricks und Arbeitshilfen für das XING-Netzwerk:

www.rumohr.de/

Bei www.deutsche-startups.de findet sich eine schöne Anleitung, wie man ein optimales Portfolio bei XING erstellt:

www.deutsche-startups.de/2013/07/
26/schritt-fur-schritt-zum-neuen-xing-profil/

Robert Nabenhauer bietet ein kostenloses E-Book zum Marketing mit XING als Download an:

www.xing-erfolgreich-nutzen.com/

TAG 30

LinkedIn oder:

Wie Sie sich weltweit vernetzen, auch wenn Sie nur in Hagenbüttel arbeiten

Die internationale Alternative zu XING bildet das Businessnetzwerk LinkedIn. Gestartet in Amerika hat es mittlerweile knapp 300 Millionen Mitglieder weltweit.

Auch wenn LinkedIn in Deutschland noch nicht ganz so stark verbreitet ist, wie XING (LinkedIn 4,5 Mio, XING 6,5 Mio deutschsprachige Nutzer), so ist eine Präsenz dort aus mehreren Gründen sinnvoll:

- LinkedIn wächst seit einigen Jahren massiv (in den letzten Jahren um jährlich rund 60 Mio Nutzer jährlich) und wird bald auch dieselbe Anzahl deutschsprachiger Nutzer aufweisen können wie XING

- LinkedIn ist international. Sie finden nicht nur Kontakte innerhalb der Schweiz, Österreichs und

Deutschlands, sondern aus der ganzen Welt. Schwerpunkt dabei sind die Länder England und USA, aber auch Frankreich, Italien und Spanien.

- Seit einiger Zeit lässt sich beobachten, dass viele XING-Mitglieder ein zusätzliches Businessprofil bei LinkedIn erstellen, immer öfter wechseln Nutzer auch komplett zu LinkedIn und kündigen ihren Account bei XING. Das heißt: Es ist absehbar, dass LinkedIn mittelfristig XING überholen wird.

- LinkedIn bietet weit bessere Möglichkeiten, Ihr Personenprofil direkt und zum Teil automatisiert mit Ihren anderen Sozialen Netzwerken zu koppeln so sparen Sie sich das zeitraubende Weiterkopieren eines Beitrages in andere Netzwerke

- LinkedIn bietet in der kostenlosen Funktion einen größeren Funktionsumfang als XING, sie können das Netzwerk effektiver für Ihre Marketingzwecke nutzen..

Auch LinkedIn ist im Grunde ganz ähnlich strukturiert wie die anderen Sozialen Netzwerke: Sie präsentieren sich mit einem (businessorientierten) Personenprofil, knüpfen Kontakt zu anderen Mitgliedern und können sich dann austauschen. Auch LinkedIn eignet sich also dazu, Leads zu generieren, d.h. potentielle Interessenten aufzuspüren und diese vielleicht zu Kunden zu machen.

LinkedIn bietet ebenso wie XING die Möglichkeit zu Veranstaltungen einzuladen und in Gruppen gemeinsam zu diskutieren. Allerdings merkt man LinkedIn deutlich an, dass es älter und aus dem amerikanischen Raum ist: LinkedIn zeigt sich deutlich offener im Umgang mit anderen Anbietern, es bietet Schnittstellen, an die andere Software angedockt werden kann. So lässt sich beispielsweise der Kontaktdatenpool von LinkedIn auch in der eigenen Adressenverwaltung bzw. dem Customer Relationship Management System nutzen.

LinkedIn kennt vier Arten der Mitgliedschaft:

- Kostenlos
  Damit können Sie ein Profil anlegen, sehen aber nur bedingt, wer sich dieses Profil angesehen hat. Sie können aber mit Unbekannten in Kontakt treten.
  Preis: Kostenlos.

- Business
  Damit können Sie zusätzlich einfacher mit Anderen in Kontakt treten, sehen alle Besucher Ihres Profils und können noch ausführlicher suchen.
  Preis: 22, 13 € im Monat

- BusinessPlus
  Noch einmal wurden hier die Suchmöglichkeiten erweitert.
  Preis: 43,04 € im Monat

- Executive
  Nahezu grenzenlose Suchmöglichkeiten und die Möglichkeit, sich nicht nur wöchentlich, sondern täglich über Bewegungen auf dem eigenen Profil per

E-Mail benachrichtigen zu lassen.
Preis: 73,79 im Monat

Grundsätzlich kann man sagen, dass sich eine kostenlose Mitgliedschaft auf alle Fälle lohnt. Die Business-Mitgliedschaft ist sinnvoll für alle, die mit LinkedIn intensive Kontaktaufnahme betreiben wollen. Die beiden anderen Versionen sind im Prinzip nur für Recruiter und Hardcore-Vertriebler zu empfehlen.

Steigen Sie also auf jeden Fall mal mit einem kostenlosen Profil bei LinkedIn ein und lernen Sie diese Businessplattform in aller Ruhe kennen!

EXTRA-TIPPs:

Eine ausführliche Gegenüberstellung von XING und LinkedIn und den jeweils gebotenen Leistungen hat Sebastian Schneider zusammengestellt:

www.sebastian-schneider.eu/cms/karriere/ein-vergleich-von-xing-und-linkedin

Stephan Koß betreibt die beste deutschsprachige Webseite zu LinkedIn und bietet eine Vielzahl von Tipps und Tricks zum Umgang mit diesem Sozialen Netzwerk:

www.linkedinsiders.wordpress.com/

(Tag 31)
Den Kreis schließen oder:

Je mehr Landebahnen, desto leichter landen die Kunden bei Ihnen!

Perfekt wird Ihr Marketing, wenn Sie die verschiedenen Online-Präsenzen miteinander verknüpfen und den Online-Marketing-Kreis schließen!

Eine Homepage, ein persönliches Profil bei Facebook, eine Unternehmensseite dort ebenso, einen Twitter-Account, Anleitungsvideos bei You-Tube, ein XING-Profil… Im Laufe der Zeit „sammeln" Sie Präsenzen in verschiedenen Sozialen Netzwerken und Online-Auftrittsmöglichkeiten. Diese lassen sich mittlerweile intelligent miteinander verbinden:

Ihr XING-Profil listet Ihre Homepage und Ihre Präsenzen bei Facebook auf, Facebook verzweigt weiter zu Twitter, Ihr Blog wird automatisch bei Twitter als Tweet veröffentlicht und bei Facebook gepostet etc.

Eine ganze Reihe so genannter Apps und Plug-Ins ermöglichen die Automatisierung bzw. Verknüpfung der einzelnen Online-Präsenzen untereinander, das sollten Sie nutzen, denn so wird Ihre Präsenz im Internet immer dichter.

Das merkt im Übrigen auch Google – und Sie rutschen wieder ein paar Fundstellen weiter nach oben...

EXTRA-TIPP:

Thomas Hutter bietet auf seiner Webseite viele Beispiele, wie man die verschiedenen Online-Präsenzen miteinander intelligent verknüpft.

www.thomashutter.com

Und Sie sollten immer daran denken, dass die virtuelle Welt das eine ist – Geld verdient wird aber in der echten Welt! Das bedeutet: Leiten Sie Ihre Kunden also auch immer ganz konkret in Ihren Laden oder in Ihr Büro! Manche Netzwerke machen dies quasi automatisch (wie z.B. Foursquare), in den anderen Netzwerken sollten Sie nie vergessen, immer wieder

Angebote einzustreuen, die die Kunden in den Laden locken, einen Anruf bei Ihnen provozieren etc.

Die Sozialen Netzwerke im Internet dienen ja hauptsächlich dazu, ins Gespräch mit Ihren potentiellen Kunden zu kommen – und dieses Gespräch sollte immer zu einem möglichst frühen Zeitpunkt im echten Leben statt finden. Nur wenn virtuelle Welt und reale Welt miteinander verknüpft werden, kommen auch echte Kunden und bringen echtes Geld!

Die Sozialen Netzwerke sind aber auf jeden Fall wunderbare Landebahnen für Ihre Kunden, um mit Ihnen in Kontakt zu kommen – und je mehr Landebahnen Sie bieten können, desto höher ist die Chance, dass Kunden bei Ihnen landen!

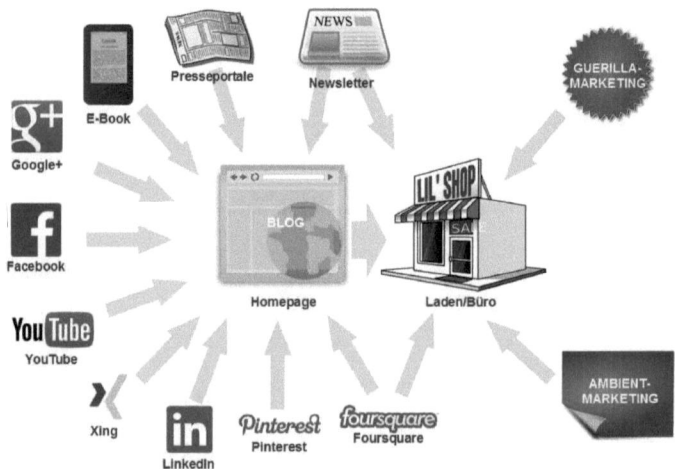

Zum guten Schluss

Soweit nun also Ihre Hausaufgaben für einen Monat. Setzen Sie die empfohlenen Tipps Schritt für Schritt um und Sie werden merken, wie schon bald deutlich mehr Kunden den Weg zu Ihnen finden.

Das ist Arbeit, ja. Aber ohne geht es leider nicht. Und: All die beschriebenen Tipps kosten nicht viel Geld sondern arbeiten mit Kreativität und Ideen, mit Einsatz und Engagement – nicht mit einem dicken Geldbeutel. Insofern liegt es also nicht am fehlenden Geld, wenn es bei Ihnen nicht ganz so klappt, wie es sollte mit den Neukunden. Aber nun haben Sie (leider) keine Ausrede mehr, jetzt heißt es: Machen! Los! Anfangen!

Dabei wünsche ich Ihnen aus ganzem Herzen: Viel Erfolg!

Falls Sie mich erreichen wollen:

Meine „Hauptlandebahn" ist natürlich meine Homepage

www.machtfrisch.de

dort finden Sie auch eine eigene Seite, auf der ich alle meine Präsenzen in den Sozialen Netzwerken aufliste:

www.machtfrisch.de/kontakt/social-profile/

Ich freue mich, wenn Sie sich mit mir auf einer oder mehrerer dieser Plattformen dort vernetzen und wir so in Kontakt bleiben können!

Hier aber direkt auch als klickbare Links (für E-Book-Reader):

Facebook-Profil
Facebook Fanpage
Twitter
Google+ Profil
Pinterest
LinkedIn
XING

Ihre persönliche To-Do-Liste

Aufgabe	Wer	Bis wann?	✔